westermann

D1687113

ERLEBNIS
Physik

Förderheft

7–10

ERLEBNIS
Physik
Förderheft

Autorin
Monisha Chakraborty

Bildquellennachweis
|Alamy Stock Photo, Abingdon/Oxfordshire: Edd Westmacott 5.1; imageBROKER.com GmbH & Co. KG/R. Dirscherl 80.3; SpaceX 6.1; The History Collection 98.3. |Alamy Stock Photo (RMB), Abingdon/Oxfordshire: ARTIUKHOV, MYKOLA 40.1; Boethling, Joerg 5.2; Furrer, Oliver 3.1; GL Archive 98.5, 98.7; Granger Historical Picture Archive 98.6; NASA Image Collection 58.1, 58.2; Zoonar GmbH 41.3. |BC GmbH Verlags- und Medien-, Forschungs- und Beratungsgesellschaft, Ingelheim: 9.4, 9.5, 10.2, 10.3. |fotolia.com, New York: Alenavlad 12.2; Givaga 28.5; ivo188 9.3. |Herzig, Wolfgang, Essen: 29.1, 40.4, 42.2, 42.3. |Imago, Berlin: Sascha Steinach 9.1. |iStockphoto.com, Calgary: alexsl 14.1; BrianAJackson 8.1; clu 80.2; frankoppermann 16.2; galitskaya 4.1; Geithe, Ralf 19.2; gui00878 25.2; kipgodi 12.1; ma-k 6.3; Madrolly 19.3; Martin, Cristian 6.2; microgen 40.3; sauletas 16.3; tatyana_tomsickova 16.1; themacx 16.4, 16.5, 16.6; tomazl 19.4. |Marahrens, Olav, Hamburg: 78.1. |Minkus Images Fotodesignagentur, Isernhagen: 20.1. |OSRAM GmbH, München: 96.2. |Picture-Alliance GmbH, Frankfurt a.M.: dpa/Schuldt, Sina 64.1; imageBROKER/Simon Belcher 28.4; Vennenbernd 40.5. |Römer, Michael, Berlin: 56.1, 56.2. |Schobel, Ingrid, Hannover: 3.2, 3.3, 3.4, 3.5, 3.6, 3.7, 11.1, 11.2, 11.3, 11.4, 13.1, 13.2, 13.3, 13.4, 13.5, 13.6, 15.1, 18.1, 22.1, 22.2, 23.1, 24.1, 25.3, 25.4, 26.1, 28.1, 28.2, 28.3, 30.1, 32.1, 33.3, 36.1, 36.2, 36.3, 36.4, 38.2, 42.1, 43.2, 43.3, 43.4, 43.5, 43.6, 44.2, 45.1, 45.2, 45.3, 46.1, 46.2, 46.3, 46.4, 46.5, 47.1, 47.2, 49.1, 51.2, 52.1, 52.2, 61.1, 66.1, 67.1, 67.2, 68.1, 70.1, 72.1, 73.1, 74.1, 80.4, 80.5, 82.1, 83.1, 83.2, 84.1, 84.2, 85.1, 85.2, 87.1, 88.1, 90.1, 93.1, 93.2, 94.1, 94.2, 95.1, 97.1, 98.1, 98.2, 100.1, 102.1, 102.2, 102.3. |Science Photo Library, München: Molloy, Cordelia 44.1. |Shutterstock.com, New York: altafulla 60.1; FocusStocker 35.2; Koldunov 4.2; Mar.K 75.1; Mark, Oleksiy 33.1; nacroba 35.1; Schwier, Christian 38.1; Skjaeveland, Thomas 39.2; successo images 33.2. |stock.adobe.com, Dublin: ake1150 41.1; Archivist 98.4; Bezuglov, Andriy 39.1; Buehner, Matthias 9.2; Costachioiu, Teodor 96.1; esoxx 50.4; euthymia 50.2; Geithe, Ralf 80.1; golubovy 92.1; Gulben, Gilbert 19.1; Haertle, Andreas 7.2; Kozachenko, Olha 43.1; Losevsky, Pavel 14.2; lucato 37.1; pdm 5.3; peterschreiber.media 92.2; pixelnest 69.2; Sanguis 69.1; serhat 50.1; tina-defortunata 40.2; Vector FX 8.2; Visions-AD 12.3; Vogler, Helmut 31.1; volmajer, janez 55.1; Westwind 25.1; Xalanx 41.2; yanlev 7.1. |Tegen, Hans, Hambühren: 50.3, 51.1. |VDE Prüf- und Zertifizierungsinstitut GmbH, Offenbach: 10.1. |Wildermuth, Werner, Würzburg: 17.1, 17.2, 17.3, 17.4, 21.1, 53.1.

© 2024 Westermann Bildungsmedien Verlag GmbH, Georg-Westermann-Allee 66, 38104 Braunschweig
www.westermann.de

Das Werk und seine Teile sind urheberrechtlich geschützt. Jede Nutzung in anderen als den gesetzlich zugelassenen bzw. vertraglich zugestandenen Fällen bedarf der vorherigen schriftlichen Einwilligung des Verlages. Wir behalten uns die Nutzung unserer Inhalte für Text und Data Mining im Sinne des UrhG ausdrücklich vor. Nähere Informationen zur vertraglich gestatteten Anzahl von Kopien finden Sie auf www.schulbuchkopie.de.
Für Verweise (Links) auf Internet-Adressen gilt folgender Haftungshinweis: Trotz sorgfältiger inhaltlicher Kontrolle wird die Haftung für die Inhalte der externen Seiten ausgeschlossen. Für den Inhalt dieser externen Seiten sind ausschließlich deren Betreiber verantwortlich. Sollten Sie daher auf kostenpflichtige, illegale oder anstößige Inhalte treffen, so bedauern wir dies ausdrücklich und bitten Sie, uns umgehend per E-Mail davon in Kenntnis zu setzen, damit beim Nachdruck der Verweis gelöscht wird.

Druck A1 / Jahr 2024
Alle Drucke der Serie A sind im Unterricht parallel verwendbar.

Redaktion: Iliane Kleine-Boymann
Illustrationen: LIO Design GmbH, Ingrid Schobel
Grundlayout: Janssen Kahlert Design & Kommunikation GmbH
Umschlaggestaltung: LIO Design GmbH
Druck und Bindung: Westermann Druck GmbH, Georg-Westermann-Allee 66, 38104 Braunschweig

ISBN 978-3-14-117941-5

Die Basisseiten des Schulbuches

Auf den zwei Basisseiten erfährst du eine Menge zum Thema.
Wichtiges wird mit einem gelben Kasten hervorgehoben.
Blaue Starthilfen helfen dir bei den Aufgaben.

Die Basisaufgaben des Schulbuches

Zu diesen Basisaufgaben gibt es in diesem Förderheft weitere Aufgaben, die in der Nummerierung in der Regel den Basisaufgaben entsprechen und inhaltlich reduziert sind.

❶ Mit den Basisaufgaben übst du alle wichtigen Inhalte des Themas. Sie werden von allen gemeinsam bearbeitet.

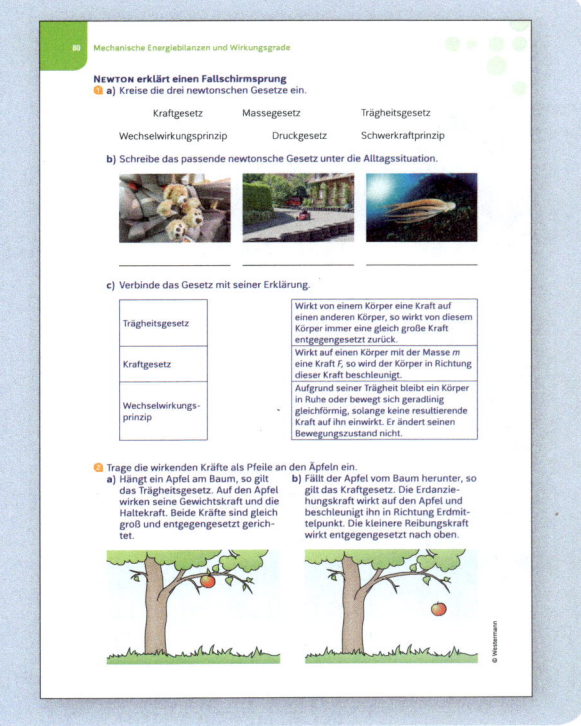

Inhalt

Allgemein — Schülerband .... Förderheft
Sicherheitsregeln in der Physik 8 9

Akustische Phänomene — Schülerband .... Förderheft
Schall senden – übertragen – empfangen 20 11
Schall im Teilchenmodell 24 12
Die Vielfalt der Töne 28 13
Schall beeinflusst Menschen 32 14

Optische Phänomene an Grenzflächen — Schülerband .... Förderheft
Licht ist Energie 40 15
Das Licht überträgt Informationen 44 16
Die Eigenschaften des Lichtes 48 17
Licht und Schatten 52 18
Licht trifft auf Oberflächen 56 19
Löcher erzeugen Bilder 60 20
Die Lichtbrechung 64 21
Die optischen Linsen 68 22
Linsen erzeugen Bilder 72 23
Linsen korrigieren Sehfehler 76 24
Die Farbzerlegung 80 25

Thermische Ausdehnung in Experiment und Modell .... Schülerband .... Förderheft

Wärmequellen und ihre Temperatur	90	26
Die Temperatur und die innere Energie	94	27
Die Aggregatzustände und ihre Übergänge	98	28
Die thermische Ausdehnung von Körpern	102	29

Dynamische Phänomene .... Schülerband .... Förderheft

Die Geschwindigkeit	110	30
Kräfte bewirken Veränderungen	114	31
Ein Kraftmesser misst Kräfte	118	32
Hookesches Gesetz: plastisch oder elastisch?	122	33
Die Kraft ist eine gerichtete Größe	126	34
Die Gewichtskraft und die Trägheitskraft	130	35
Mit Rollen und Seilen Kräfte sparen	134	36
Mit Hebeln Kräfte sparen	138	37
Mit der schiefen Ebene Kräfte sparen	142	38
Die goldene Regel der Mechanik	146	39
Kraft und mechanische Energie	150	40
Die mechanische Arbeit und Leistung	154	41

Spannung und Induktion .... Schülerband .... Förderheft

Elektrische Energie und ihre Umwandlung	164	42
Die elektrische Ladung	168	43
Das Magnetfeld eines Dauermagneten	172	44
Das elektrische Feld	176	45
Die elektrische Spannung	180	46
Das Magnetfeld eines elektrischen Leiters	184	47
Der Elektromagnet	188	48
Die elektromagnetische Induktion	192	49
Die Gleichspannung – die Wechselspannung	196	50
Der Gleichstrom-Elektromotor	200	51
Der Generator	204	52

Kosmos und Forschung — Schülerband .... Förderheft

Die Gravitation	214	53
Das Universum	218	54
Unser Sonnensystem	222	55
Sterne und Planeten	226	56
Die Himmelskörper	230	57
Die Erforschung des Weltalls	234	58

Wärmetransporte und ihre Beeinflussung — Schülerband .... Förderheft

Die Arten der Wärmeübertragung	242	59
Die Wärmespeicherung und die Wärmedämmung	246	60
Die Bereitstellung von Wärme	250	61
Verbrennungsmotoren sind Wärmekraftmaschinen	254	62
Elektromotoren ersetzen Verbrennungsmotoren	258	63

Gesetzmäßigkeiten im elektrischen Stromkreis — Schülerband .... Förderheft

Die elektrische Stromstärke	266	64
Die Stromstärke und die Spannung in Schaltungen	270	65
Das ohmsche Gesetz und der elektrische Widerstand	274	66
Die Abhängigkeiten des elektrischen Widerstandes	278	67
Die Widerstände in Schaltungen	282	68
Schutz vor den Gefahren im elektrischen Stromkreis	286	69
Die elektrische Energie und die elektrische Leistung	290	70
Die Energierechnung und ein Energiemanagement	294	71
Der Transformator	298	72
Die Arten von Transformatoren	302	73
Die elektrische Energie und Leistung von Transformatoren	306	74

Inhalt 7

Mechanische Energiebilanzen und Wirkungsgrade .... Schülerband .... Förderheft

Der Wirkungsgrad	316	75
Die Durchschnittsgeschwindigkeit und die Momentangeschwindigkeit	320	76
Die gleichmäßig beschleunigte Bewegung	324	77
Die negativ beschleunigte Bewegung	328	78
Reagieren, bremsen, anhalten	332	79
NEWTON erklärt einen Fallschirmsprung	336	80
Die potenzielle Energie und die kinetische Energie	340	81
Die Energieerhaltung und der Wirkungsgrad	344	82

Elektrische Energiebilanzen und Wirkungsgrade .... Schülerband .... Förderheft

Wärmekraftwerke als nicht gekoppelte Systeme	354	83
Die Folgen der Verbrennung fossiler Stoffe	358	84
Elektrische Energie mit regenerativen Systemen	362	85
Die Speicherung elektrischer Energie	366	86
Wärmekraftwerke als gekoppelte Systeme	370	87
Regenerative Anlagen als gekoppelte Systeme	374	88
Der Transport der elektrischen Energie	378	89
Die Verteilung der elektrischen Energie	382	90
Die Hochspannungs-Gleichstrom-Übertragung (HGÜ)	386	91

Sensoren im Alltag .... Schülerband .... Förderheft

Das Mikrofon und der Lautsprecher 396 92
Elektrische Leiter und Halbleiter 400 93
Die Halbleiterdiode 404 94
Die Leuchtdiode (LED) 408 95
Wärmesensoren und Lichtsensoren 412 96
Solarzellen – Halbleiter als Energiewandler 416 97

Atombau und ionisierende Strahlung .... Schülerband .... Förderheft

Atome enthalten elektrische Ladungen 426 98
Quelle der Radioaktivität und ihre Messung 430 99
Die ionisierende Strahlung und ihr Nachweis 434 100
Isotope und Elementarteilchen 438 101
Strahlungsarten und ihre Eigenschaften 442 102
Der Zerfall dauert seine Zeit 446 103
Die biologische Wirkung der ionisierenden Strahlung 450 104
Die Kernspaltung 454 105
Das Kernkraftwerk 458 106
Der Rückbau eines Kernkraftwerkes 462 107

Sicherheitsregeln in der Physik

1 Benenne die Sicherheitseinrichtungen und die Symbole auf den Bildern.

  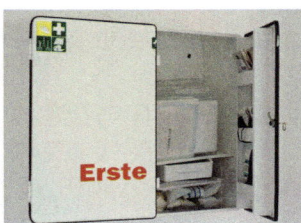  

_____

_____

2 a) Nenne die drei für dich wichtigsten Regeln beim Experimentieren.

_____

_____

_____

b) Begründe deine Entscheidung.

_____

_____

_____

_____

3 a) Nenne die drei für dich wichtigsten Regeln beim Umgang mit elektrischen Geräten.

_____

_____

_____

b) Begründe deine Entscheidung.

_____

_____

_____

_____

Allgemein

4 Bei Versuchen zur elektromagnetischen Induktion werden Magnetfelder erzeugt. Kreuze an, was dabei beachtet werden muss.

☐ Uhren, Schmuck und Gürtel müssen abgelegt werden.

☐ Trägerinnen und Träger von Herzschrittmachern müssen den Raum verlassen.

☐ Schwangere Schülerinnen müssen den Raum verlassen.

5 Erkläre, was es bedeutet, wenn eines der beiden Zeichen auf einem elektrischen Gerät zu finden ist.

_____
_____

6 Beschrifte die beiden Warnzeichen. Hilfe findest du im Buch.

_____   _____
_____   _____

7 Beschreibe, worauf geachtet werden muss, wenn mit radioaktiven Stoffen gearbeitet wird. Hilfe findest du im Buch.

_____
_____
_____
_____
_____

Schall senden – übertragen – empfangen

1 a) Ordne den Bildern die Schallentstehung und die Schallart zu.

Platzen		Geräusch
Anschlagen		Knall
Schwingende Luftsäule		Klang
Flattern		Ton

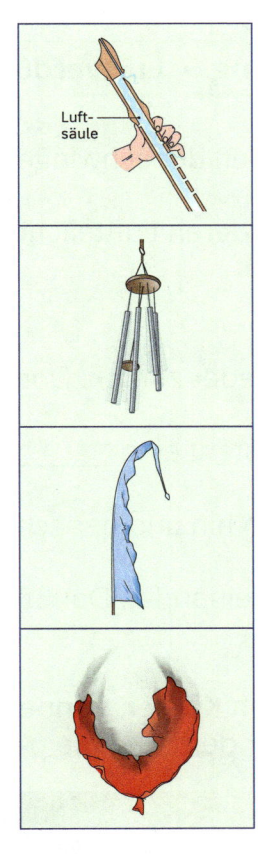
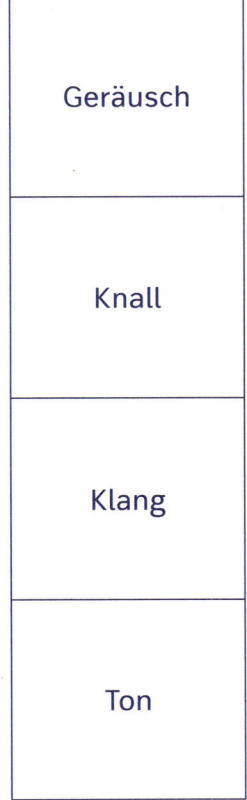

b) Ordne den Schallträgern die passende Schallgeschwindigkeit zu.

Luft
Wasser
feste Stoffe (Stahl, Holz)

5000 m in einer Sekunde
340 m in einer Sekunde
1480 m in einer Sekunde

c) Der Schall wird im Ohr empfangen. Setze die Begriffe ein.

Ohrmuschel • Trommelfell • Hörschnecke • Härchen • schwingen • Signale

Der Schall wird von der _____ aufgenommen. Der Gehörgang lenkt den Schall auf das _____. Das Trommelfell beginnt zu _____. Die Gehörknöchelchen leiten die Schwingung weiter zur _____. In der Schnecke empfangen die _____ die Schwingung. Der Schall wird in elektrische _____ umgewandelt.

2 Nenne 2 Geräte, in denen Mikrofone als Schallempfänger benutzt werden.

_____

Akustische Phänomene

Schall im Teilchenmodell

1 Eine Gitarrensaite wird angezupft. Der Schall breitet sich zu deinem Ohr aus. Setze die Fachbegriffe richtig ein.

> **Luftverdichtung • Luftverdünnung • Luftteilchen**

Die _____ neben der schwingenden Saite werden verdrängt. Sie drängen sich zwischen die anderen Luftteilchen. In diesem Bereich entsteht eine _____ .

Die Gitarrensaite schwingt wieder zurück. Dort sind jetzt weniger _____ . Es entsteht eine _____ .

Da die Gitarrensaite mehrfach hin und her schwingt, folgen _____ und _____ aufeinander. Der Schall gelangt so zu deinem Ohr.

2 Trifft Schall auf einen anderen Körper, können verschiedene Wirkungen ausgelöst werden. Kreuze jeweils unter dem Bild die passende Wirkung an.

☐ Absorption ☐ Absorption ☐ Absorption
☐ Reflexion ☐ Reflexion ☐ Reflexion
☐ anregen zu schwingen ☐ anregen zu schwingen ☐ anregen zu schwingen

3 Beschreibe, was du bei einem Echo hören kannst.

_____
_____
_____

Die Vielfalt der Töne

1 Eine Gitarrensaite kann hoch oder tief und laut oder leise erklingen.

a) Streiche die falsche Aussage zur Tonhöhe durch

Je länger eine Gitarrensaite ist, desto **tiefer / höher** ist ihre Tonhöhe.
Je kürzer eine Gitarrensaite ist, desto **tiefer / höher** ist ihre Tonhöhe.

b) Streiche die falsche Aussage zur Lautstärke durch.

Je stärker eine Gitarrensaite gezupft wird, desto **weiter / kürzer** schwingt sie hin und her.
Je stärker eine Gitarrensaite gezupft wird, desto **lauter / leiser** ist der Schall.

2 Du kannst Schall mit einem Oszilloskop sichtbar machen.
Schreibe unter die Schwingungsbilder die richtige Schallart.

Ton • Klang • Geräusch • Knall

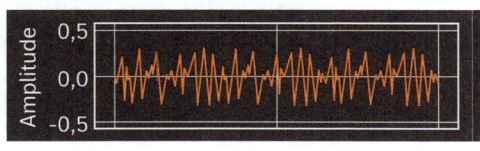

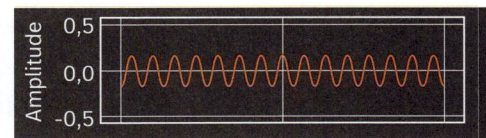

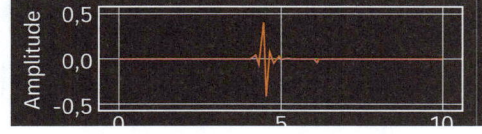

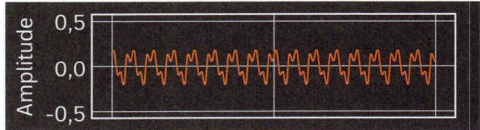

3 a) Je lauter eine Schallquelle erklingt, desto größer ist die Amplitude des Tons. Zeichne ein Schwingungsbild für einen lauten Ton.

b) Je höher eine Schallquelle erklingt, desto größer ist die Frequenz des Tons. Zeichne ein Schwingungsbild für einen hohen Ton, der genauso laut ist wie der Ton in a).

Akustische Phänomene

Schall beeinflusst Menschen

1 Schall kann dem Menschen schaden.
   a) Benenne die Situation auf den Bildern A und B, in denen der Schall schaden kann. Nenne eine weitere Situation.

   A: _____

   _____

   B: _____

   _____

   C: _____

   _____

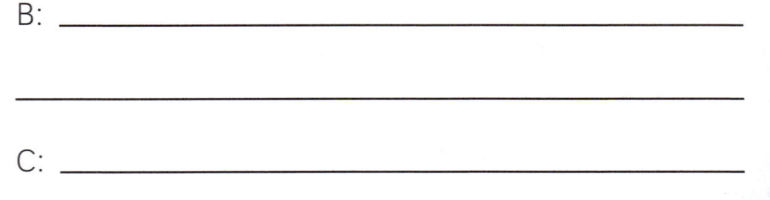

   b) Nenne Lärmschutzmaßnahmen, die du aus deinem Alltag kennst.

   _____

   _____

2 Wenn es zu lange sehr laut ist, kann dein Gehör Schaden nehmen. Beschreibe, was dann mit den Gehörknöcheln und den Härchen in deinem Ohr passiert.

   Die Gehörknöchelchen _____

   _____

   Die Härchen im Innenohr _____

   _____

3 Nenne Maßnahmen für Lärmschutz
   a) im Straßenverkehr.

   _____

   _____

   b) bei Automotoren.

   _____

   _____

Optische Phänomene an Grenzflächen

Licht ist Energie

1 a) Am Beispiel einer Solarzelle kann die Wandlung von zugeführter Energie in erwünschte und unerwünschte Energien gezeigt werden. Verbinde die Fachbegriffe mit der passenden Erklärung.

Energiewandler	Wärme, Licht (Reflexion)
erwünschte Energie	Solarzelle: wandelt Licht in elektrische Energie um
unerwünschte Energien	elektrische Energie
zugeführte Energie	Licht

b) Beschrifte das allgemeine Energieflussdiagramm.

Wandler • unerwünschte Energie • zugeführte Energie • erwünschte Energie

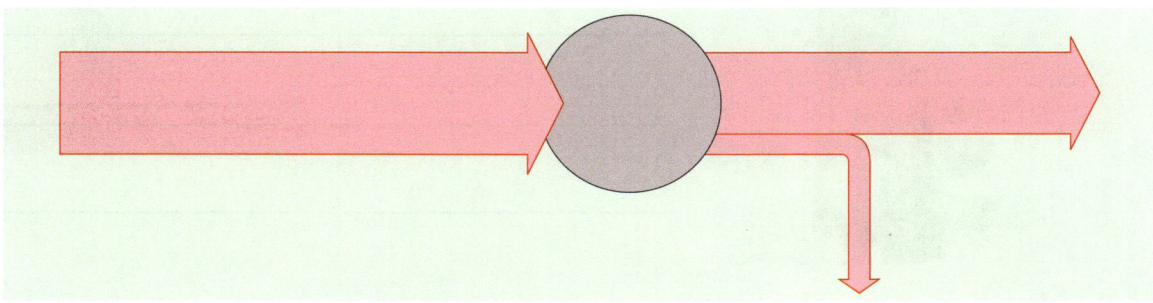

c) Kreuze an, worauf du beim Zeichnen eines Energieflussdiagrammes besonders achten musst.

☐ Die Pfeillängen links und rechts vom Kreis des Wandlers müssen gleich sein.

☐ Der Wandler muss genau in der Mitte gezeichnet werden.

☐ Die Pfeile der abgegebenen Energien müssen zusammen genauso so breit sein wie der Pfeil der zugeführten Energie.

2 a) Trage die erwünschte und unerwünschte Energie in die Tabelle ein.

Energiewandler	erwünschte Energie	unerwünschte Energie
Toaster		
Solarzelle		
LED-Lampe		

b) Zeichne das Energieflussdiagramm zur LED-Lampe.

Optische Phänomene an Grenzflächen

Das Licht überträgt Informationen

1 a) Eine Ampel gibt dir bestimmte Informationen.
Verbinde, wer ist Sender und wer ist Empfänger?

Sender

Empfänger

b) Schreibe auf, was die Ampelfarben bedeuten.

_____

_____

_____

2 Licht überträgt Informationen mit Lichtgeschwindigkeit. Setze zwischen den Begriffen das richtige Zeichen ein: < (kleiner als) oder > (größer als)

Schallgeschwindigkeit   Lichtgeschwindigkeit
Lichtgeschwindigkeit in Luft   Lichtgeschwindigkeit in Wasser
Lichtgeschwindigkeit in Luft   Lichtgeschwindigkeit im luftleeren Raum

3 Verbinde die Fachbegriffe mit den Gegenständen.

 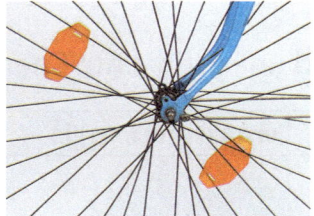 

beleuchteter Körper   selbstleuchtender Körper

4 Streiche die falschen Wörter durch.

Beleuchtete Körper **können kein Licht / können Licht** erzeugen. Sie sind **selber Lichtquellen / keine Lichtquellen.** Sie leiten das Licht weiter in unsere Augen.

Optische Phänomene an Grenzflächen 17

Die Eigenschaften des Lichtes

1. Welche Eigenschaften hat Licht? Beantworte hierfür folgende Fragen:

Ist Licht sichtbar?

_____

Wie breitet sich Licht aus?

_____

In welche Richtung breitet sich Licht aus

_____

> Das Licht breitet sich geradlinig und in alle Richtungen aus.
> Es wird durch das Modell Lichtstrahl beschrieben.

2. Licht breitet sich in alle Richtungen aus.
   Welche Bilder passen zu der Aussage? Kreise ein.

3. Das Licht einer Taschenlampe strahlt nach vorne.
   Schreibe die Fachbegriffe auf die Schreiblinien.

Lichtquelle • Lichtbündel • Randstrahlen

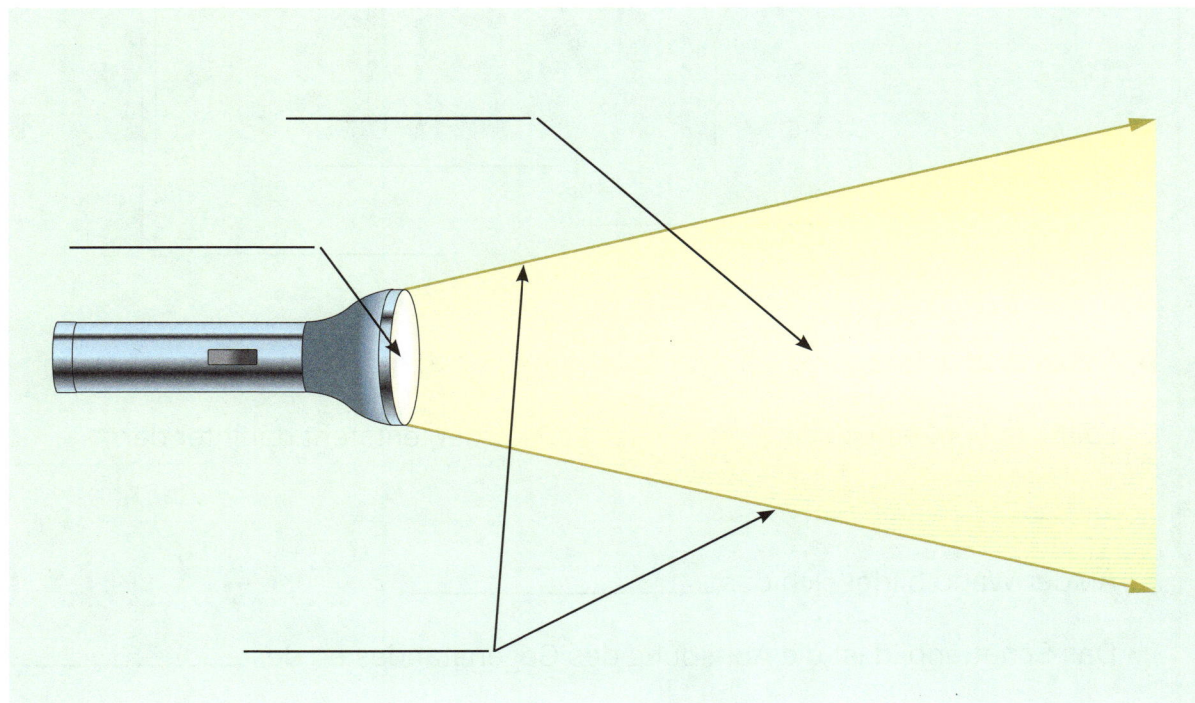

Optische Phänomene an Grenzflächen

Licht und Schatten

1 Ein Schatten ist sichtbar. Was brauchst du dafür? Kreuze an.

☐ gutes Wetter

☐ Lichtquelle

☐ dunkles Licht

☐ Wand

☐ lichtundurchlässiger Körper

2 a) Beschrifte die Abbildung.

> lichtundurchlässiger Körper • Schattenraum
> • Schattenbild • Wand • Randstrahlen

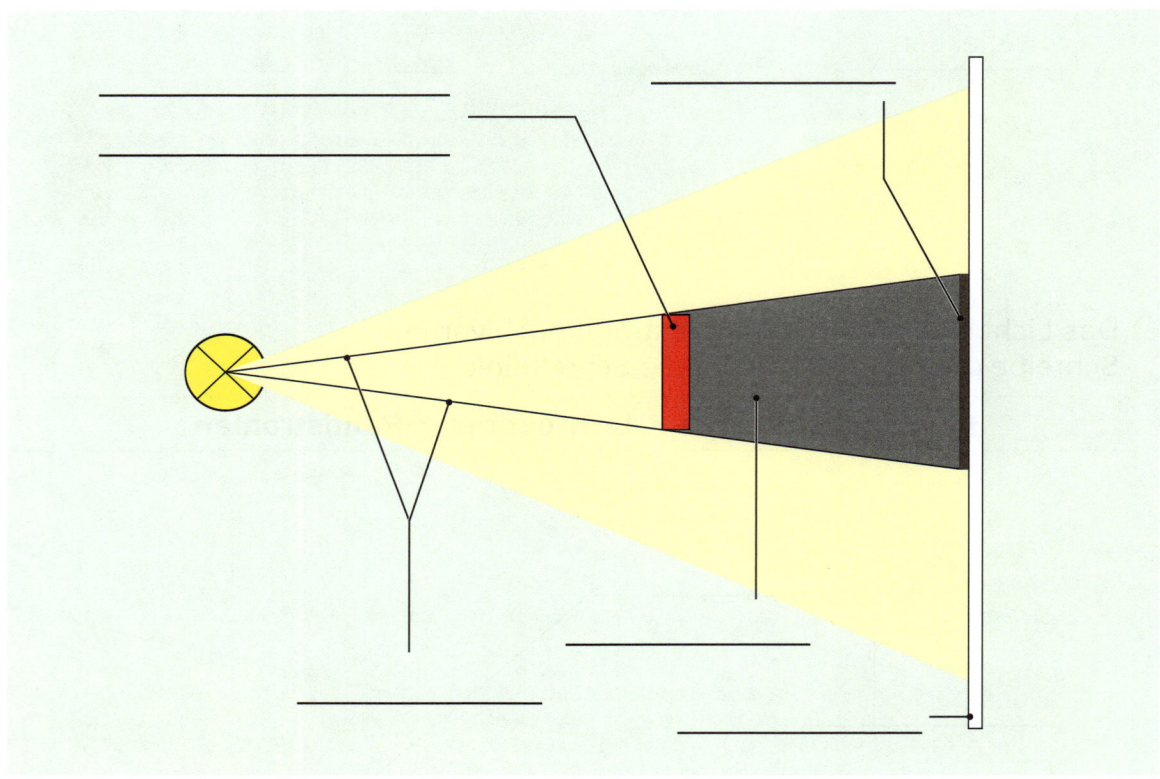

b) Setze die Fachbegriffe ein. Die Abbildung aus a) hilft dir dabei.

Fällt Licht auf einen lichtundurchlässigen Körper, entsteht dahinter der

_____ .

An der Wand bildet sich das _____ .

Das Schattenbild ist die Abbildung des Gegenstandes an der _____ .

Der Schattenraum wird durch die _____ begrenzt.

Optische Phänomene an Grenzflächen   19

Licht trifft auf Oberflächen

1 a) Verbinde die Fachbegriffe mit der Erklärung.

Reflexion		Die Oberfläche ist dunkel und rau. Sie nimmt das Licht auf.
Streuung		Die Oberfläche ist glatt. Es wird viel Licht in deine Augen gelenkt.
Absorption		Die Oberfläche ist rau oder zerknittert. Das Licht wird in alle Richtungen gelenkt.

b) Auf dem Schulranzen gibt es Oberflächen, die Licht reflektieren, streuen und absorbieren. Verbinde jeweils zwei Oberfläche mit dem richtigen Begriff.

reflektiert

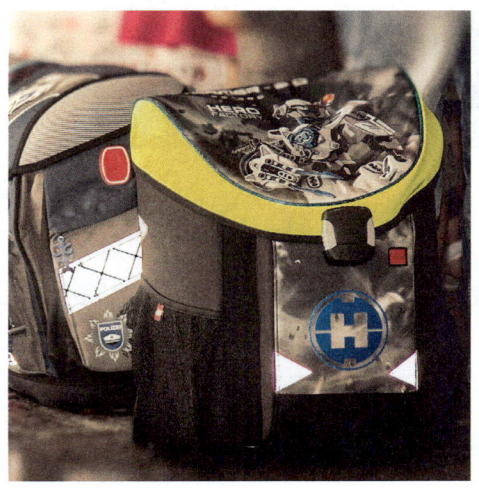

absorbiert

streut

c) Wie verhält sich das Licht an den Oberflächen auf den folgenden Abbildungen? Schreibe das Fachwort dazu auf.

Das Licht wird ...

_____ .   _____ .   _____ .

Optische Phänomene an Grenzflächen

Löcher erzeugen Bilder

1 Die Camera obscura hat eine wichtige Erfindung möglich gemacht. Kreuze sie an.

☐ das Zeichnen von Naturbildern

☐ die Kamera

☐ das Betrachten der Sonne

2 a) Das Bild hinter einer Lochblende hat besondere Eigenschaften. Schreibe sie auf. Hilfe findest du im Buch und auf der Abbildung.

_____

_____

_____

_____

b) Das Bild hinter der Lochblende verändert sich, wenn die Lochblende vergrößert wird. Kreuze an, welche Veränderungen entstehen.

Das Bild wird …

☐ heller. ☐ dunkler.

☐ größer. ☐ kleiner.

☐ schärfer. ☐ unschärfer.

3 Maler und Zeichner haben damals eine Camera obscura zum Zeichnen benutzt. Erkläre, warum sie das gemacht haben.

_____

_____

_____

Optische Phänomene an Grenzflächen   21

Die Lichtbrechung

① Trifft Licht auf eine Grenzfläche, ändert es seine Richtung. In der Abbildung trifft ein Lichtstrahl von Luft auf eine Wasserfläche.
Zeichne den Weg des Lichtstrahls ein.

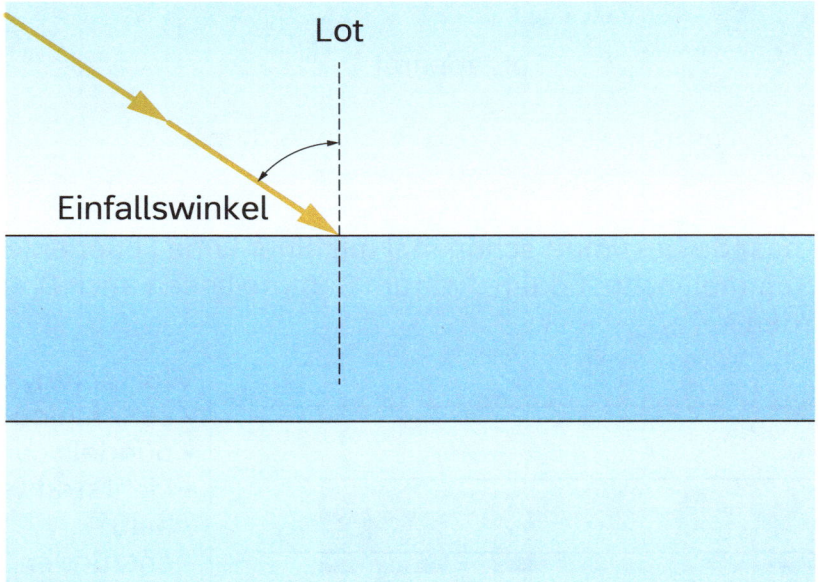

② Geht ein Lichtbündel von Luft über in Wasser, ändert sich der Weg des Lichtes. Trage die fehlenden Begriffe in die Lücken ein.

| gebrochen • zum Lot hin • größer • abknickt |

Trifft ein Lichtbündel auf Wasser, so kannst du erkennen, dass das Lichtbündel

_____. Das Licht wird _____. Beim Übergang des

Lichtes von Luft in Wasser ist der Einfallswinkel _____ als der

Brechungswinkel. Das Licht wird _____ gebrochen.

③ a) Optische Stoffe sind durchsichtig. Nenne drei optische Stoffe.

_____

_____

_____

b) Optische Stoffe haben eine unterschiedliche Dichte.
Streiche dazu die falschen Aussagen durch.

Wasser ist ein optisch **dünnerer / dichterer** Stoff als Luft.
Luft ist ein optisch **dünnerer / dichterer** Stoff als Wasser.
Licht breitet sich in einem optisch dünnerem Stoff **schneller / langsamer** aus.
Licht breitet sich in einem optisch dichterem Stoff **schneller / langsamer** aus.

Die optischen Linsen

1 Kreise die Gegenstände mit einer Sammellinse gelb ein und die Gegenstände mit einer Zerstreuungslinse blau ein.

    Boden einer Glasflasche   LED

                                 Fotoapparat

              Fernrohr   Lupe

2 Im Sommer hast du bestimmt schon mal mit einer Lupe Feuer erzeugt. Lupen sind Sammellinsen. Erkläre, warum Sammellinsen auch Brenngläser genannt werden.

_____

_____

_____

Wortschatzhilfen:
- sehr kleine Stelle
- bündeln
- Lichtstrahlen
- heiß
- entzünden
- brennbares Material

3 Sammellinsen und Zerstreuungslinsen sind unterschiedlich. Vervollständige die Sätze. Die Abbildungen helfen dir.

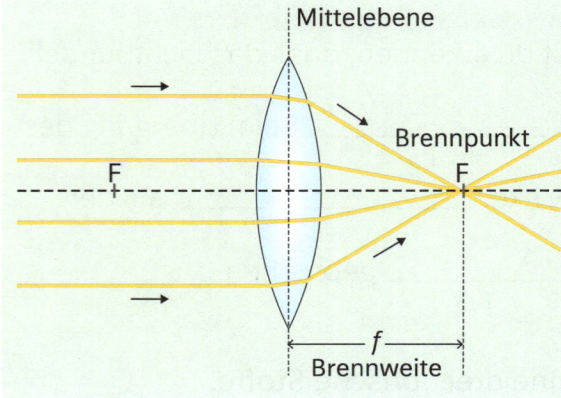 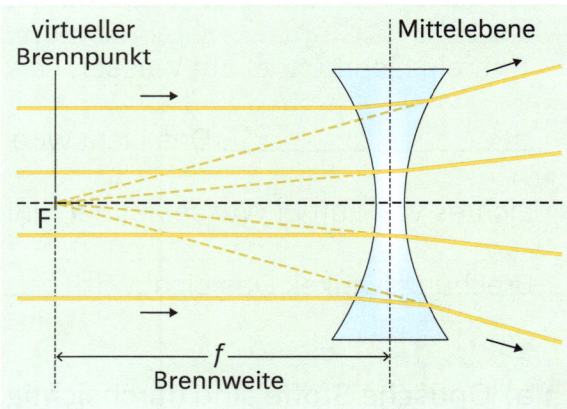

Die Sammellinse ist in der Mitte _____.

Die Zerstreuungslinse ist in der Mitte _____.

Bei einer Sammellinse wird das Licht _____.

Bei einer Zerstreuungslinse wird das Licht _____.

Bei einer Sammellinse liegt der Brennpunkt _____.

Bei einer Zerstreuungslinse liegt der Brennpunkt _____.

Optische Phänomene an Grenzflächen 23

Linsen erzeugen Bilder

① Du betrachtest einen Gegenstand durch eine Lupe. Du bist einmal nah dran und einmal weit weg. Was kannst du durch die Lupe sehen? Vervollständige die Sätze.

Wenn ich nah am Gegenstand dran bin, sehe ich den Gegenstand

_____

Wenn ich weit vom Gegenstand entfernt bin, sehe ich den Gegenstand

_____

② a) Bei der Lichtbrechung gibt es drei ausgezeichnete Lichtstrahlen, mit denen es sich besonders einfach zeichnen lässt. Verbinde die Fachbegriffe mit der Erklärung.

achsenparalleler Strahl	Der Strahl verläuft vor der Linse durch den Brennpunkt. Nach der Brechung in der Linse verläuft er parallel zur optischen Achse.
Brennpunktstrahl	Der Strahl verläuft durch den Mittelpunkt der Linse. Dieser Strahl wird nicht gebrochen.
Mittelpunktstrahl	Der Strahl verläuft parallel zur optischen Achse bis zu Mittelebene der Linse. Nach der Brechung geht er durch den Brennpunkt der Linse.

b) Zeichne die drei Strahlen aus Aufgabe a) in die Zeichnung.

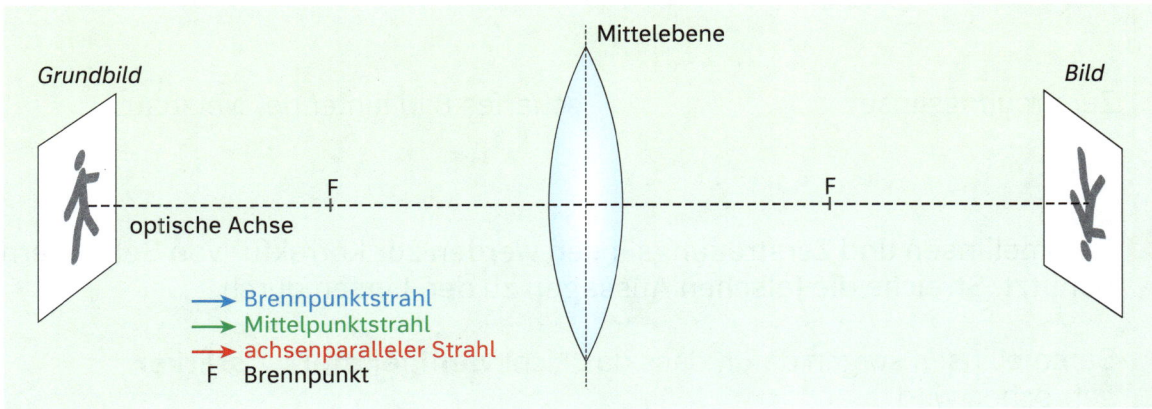

③ Erkläre die Begriffe Gegenstandsweite g und Bildweite b mithilfe der Zeichnung in Aufgabe 2 b).

Die Gegenstandsweite g _____.

Die Bildweite b _____.

Linsen korrigieren Sehfehler

1 a) Verbinde die Fachbegriffe mit den Teilen des Auges.

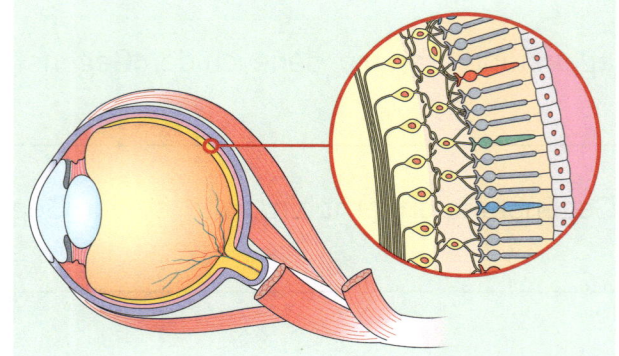

Netzhaut

Linse

Glaskörper

Sehnerv

Stäbchen

Zapfen

b) Verbinde die Teile des Auges mit ihrer Funktion.

Linse
Zapfen
Stäbchen
Sehnerv

leitet Signale ins Gehirn
bündelt das Licht
hell und dunkel sehen
Farbsehen

2 Kreise blau ein, was auf Weitsichtigkeit zutrifft.
Kreise gelb ein, was auf Kurzsichtigkeit zutrifft.

Fernsicht ist schlechter

Sammellinse

scharfes Bild vor der Netzhaut

Nahsicht ist schlechter

Zerstreuungslinse

scharfes Bild hinter der Netzhaut

3 Sammellinsen und Zerstreuungslinsen werden zur Korrektur von Sehfehlern benutzt. Streiche die falschen Aussagen zu den Linsen durch.

Sammellinsen sorgen dafür, dass das Licht **weniger stark / stärker** gebrochen wird.
Das Bild entsteht dadurch **weiter vorne / weiter hinten** auf der Netzhaut.
Sammellinsen werden zur Korrektur von **Kurzsichtigkeit / Weitsichtigkeit** eingesetzt.

Zerstreuungslinsen sorgen dafür, dass das Licht **weniger stark / stärker** gebrochen wird.
Das Bild entsteht dadurch **weiter vorne / weiter hinten** auf der Netzhaut.
Zerstreuungslinsen werden zur Korrektur von **Kurzsichtigkeit / Weitsichtigkeit** eingesetzt.

Die Farbzerlegung

1 **a)** Auch im Alltag kannst du Spektralfarben beobachten. Die folgenden Bilder zeigen Beispiele dafür. Beschreibe sie. Nenne ein weiteres Beispiel.

_____

_____

_____

b) Nenne die Spektralfarben in der richtigen Reihenfolge. Du kannst sie am Regenbogen ablesen.

_____

_____

2 Die additive und subtraktive Farbmischung unterscheiden sich. Trage die Unterschiede in der Tabelle ein.

	Welche Farben sind die Grundfarben?	Wird das Licht absorbiert oder überlagert?	Welche Farbe ergibt sich, wenn alle Farben überlagert werden?
Farbaddition			
Farbsubtraktion			

3 Beschrifte den Versuchsaufbau. Zeichne den Weg des weißen Lichtes und des Spektrallichtes ein.

Thermische Ausdehnung in Experiment und Modell

Wärmequellen und ihre Temperatur

1 a) Nenne die beiden Temperaturskalen und beschreibe, wo sie benutzt werden.

- _____
- _____

b) Ordne die Temperatur dem richtigen Formelzechen zu.

−3 °C, 25 K, 273 K, 80 °C, 37 °C, 104 K

$\vartheta =$ _____

$T =$ _____

c) Rechne die Temperatur in die andere Temperaturskala um.
Tipp: Von Grad Celsius (°C) auf Kelvin (K) musst du zum °C-Wert 273 addieren.
Von Kelvin (K) auf Grad Celsius (°C) musst du vom K-Wert 273 subtrahieren.

37 °C = _____   275 K = _____

−3 °C = _____   25 K = _____

2 Trage die folgenden Temperaturen
a) in die Celsius-Skala auf der linken Seite des Thermometers ein.

> −4 °C • 37 °C • 80 °C

b) in die Kelvin-Skala auf der rechten Seite des Thermometers ein.

> 243 K • 273 K • 373 K

c) Der absolute Temperatur-Nullpunkt liegt bei −273 °C = 0 K.
Trage diesen Punkt ebenfalls in dein Thermometer ein.

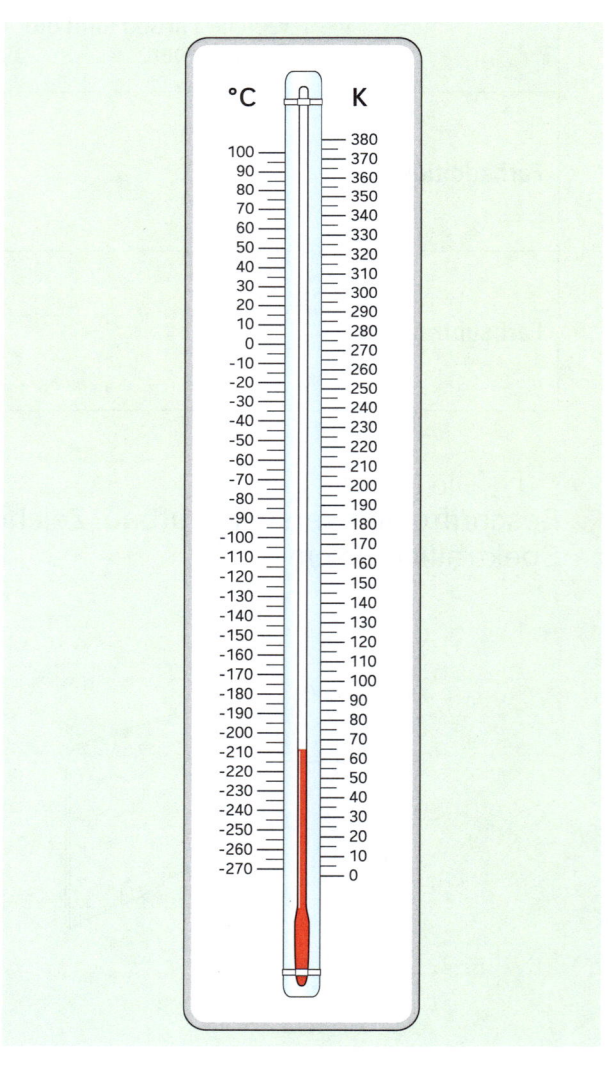

Die Temperatur und die innere Energie

1 Nummeriere den Bremsvorgang beim Fahrrad in der richtigen Reihenfolge.

Nummer	Bremsvorgang mit einer Felgenbremse
	Dadurch steigt die innere Energie der Bremsscheiben. Die Bremsscheiben werden heiß. Ihre Temperatur steigt an.
	Das Fahrrad ist in voller Fahrt, es wird plötzlich gebremst.
	Die Bremsbacken übertragen die Bewegungsenergie des Fahrrades auf die Bremsscheiben.
	Durch die Reibung steigt die Temperatur und die Bremsbacke dehnt sich aus.
	Beim Bremsen werden die Bremsbacken gegen die Felge des Fahrrades gepresst.

2 a) Eine Steinfigur steht an einem sonnigen Platz im Garten. Die Sonne erwärmt die Figur im Lauf des Tages. Trage ein, wie sich die Temperatur, das Volumen und die innere Energie der Steinfigur verändern.

heiß • kalt • warm • nimmt zu • am größten • nimmt ab • am kleinsten

	morgens	vormittags	nachmittags	abends	nachts
Temperatur					
Volumen					
innere Energie					

b) Nachmittags sind sowohl die Temperatur als auch das Volumen und die innere Energie am höchsten. Kreuze den Grund an.

☐ Die innere Energie hat den ganzen Tag darauf gewartet, in Bewegung versetzt zu werden.

☐ Die Erwärmung der Sonne ist zu dem Zeitpunkt am stärksten. Dadurch sind dann Bewegungsenergie und Lageenergie auch am größten.

3 Je höher die Temperatur ist, desto höher steigt die Flüssigkeitssäule im analogen Thermometer. Trage die Fachbegriffe für den Vorgang im Teilchenmodell ein.

Bewegungsenergie • Lageenergie • Teilchen • Bewegung

Die Flüssigkeit im Thermometer besteht aus kleinen _____. Die

Teilchen fangen an, sich zu bewegen, wenn ihnen Wärme zugeführt wird. Sie

besitzen _____. Durch die starke _____ verändert

sich auch die _____ der Teilchen. Die Flüssigkeit dehnt sich aus.

Thermische Ausdehnung in Experiment und Modell

Die Aggregatzustände und ihre Übergänge

1 a) Benenne die drei Aggregatzustände von Wasser.

_____

b) Nenne den Aggregatzustand, der mithilfe des Teilchenmodells dargestellt ist. Beschreibe die Anordnung der Wasserteilchen.

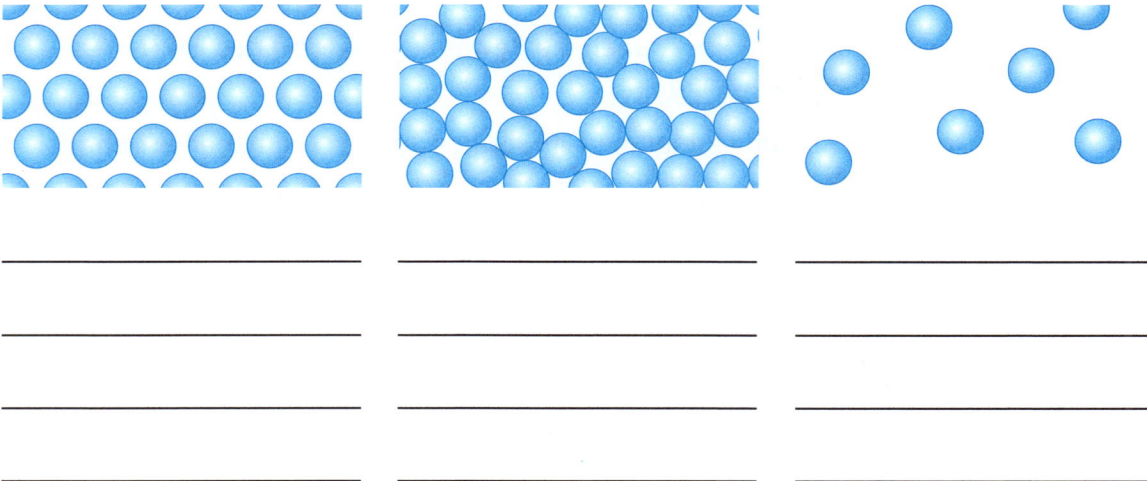

_____   _____   _____

_____   _____   _____

_____   _____   _____

_____   _____   _____

2 a) Benenne die wirkende Kraft, durch die die Wasserteilchen zusammenhalten.

_____

b) Ist die innere Energie des Wassers hoch, nimmt die Wirkung der Kohäsionskräfte ab. Der Zusammenhalt der Wasserteilchen sinkt. Kreuze an, wo die Wirkung der Kohäsionskräfte hoch oder gering ist.

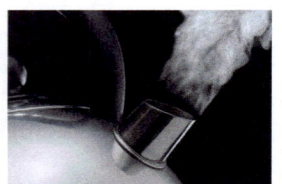   Kohäsionskräfte

☐ hoch

☐ gering

   Kohäsionskräfte

☐ hoch

☐ gering

3 Bringe die Aussagen zum Erstarren von Wasser in die richtige Reihenfolge.

Nummer	Erstarren von Wasser
	Der Zusammenhalt der Teilchen durch die Kohäsionskräfte wird höher.
	Die Teilchen rücken mehr und mehr zusammen.
	Bei 0 °C ist die Erstarrungstemperatur erreicht. Wasser wird zu Eis.
	Die innere Energie sinkt. Dadurch wird der Abstand der Teilchen kleiner.
	Beim Erstarren gibt das Wasser Wärme ab.

Thermische Ausdehnung in Experiment und Modell

Die thermische Ausdehnung von Körpern

① Kreuze an, was mit dem Luftballon beim Abkühlen am Abend passiert.

☐ Die Luft kühlt sich ab und zieht sich zusammen. Der Luftballon wird schlaff.

☐ Die Luft kühlt sich ab und dehnt sich aus. Der Luftballon ist prall gefüllt.

② **a)** Feststoffe dehnen sich aus, wenn sie erwärmt werden.
Zeichne das Ergebnis der Ausdehnung als Teilchenmodell.

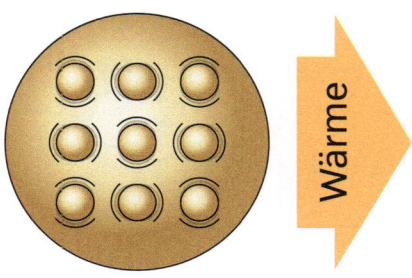

b) Beschreibe die thermische Ausdehnung von Festkörpern im Teilchenmodell. Nutze die Wortschatzhilfen.

Wortschatzhilfen:
- Festkörper wird erwärmt
- innere Energie erhöht sich
- Bewegungsenergie der Teilchen wird größer
- Temperatur steigt
- Lageenergie wird größer
- Abstand der Teilchen wird größer
- Volumen nimmt zu

_____

_____

_____

_____

_____

_____

③ Unterscheide die thermische Ausdehnung von Gasen, Flüssigkeiten und Festkörpern. Kreuze an.

Die Volumenzunahme …	Gase	Flüssigkeiten	Festkörper
… ist gleich groß, also unabhängig vom Stoff.			
… ist unterschiedlich, also abhängig vom Stoff.			

Die Geschwindigkeit

1 a) Ein Läufer legt die Strecke von 3000 m gleichförmig in einer Zeit von 10 min zurück. Berechne seine Geschwindigkeit in $\frac{m}{s}$ mithilfe der aufgeführten Rechenschritte.

Gegeben sind die Werte: die Strecke $s = 3000$ m, die Zeit $t = 10$ min

Gesucht ist der Wert: die Geschwindigkeit v in der Einheit $\frac{m}{s}$ (Meter pro Sekunde)

Rechnung: 1. Rechne die Minuten (min) in Sekunden (s) um:

$$1 \text{ min} = 60 \text{ s} \quad \rightarrow \quad \cdot 10 \quad \rightarrow \quad 10 \text{ min} = \underline{\hspace{3cm}}$$

2. Berechne die Geschwindigkeit mit der Formel $v = \frac{s}{t}$.

$$v = \frac{s}{t} = \underline{\hspace{3cm}} \frac{m}{s} = \underline{\hspace{2cm}} \frac{m}{s}$$

Antwort: Die Geschwindigkeit beträgt _____ .

b) Gib seine Geschwindigkeit in $\frac{km}{h}$ mithilfe der aufgeführten Rechenschritte an.

$1 \frac{m}{s} = 3{,}6 \frac{km}{h}$ → Multipliziere das Ergebnis aus Aufgabe a) mit 3,6.

Rechnung: _____ $\frac{m}{s} \cdot 3{,}6 =$ _____ $\frac{km}{h}$

Antwort: Die Geschwindigkeit beträgt _____ .

c) Trage in die Wertetabelle die fehlenden Werte für den gleichförmigen Lauf ein.

Zeit *t* in s	0	100	200	300	600
Strecke *s* in m	0				3000

d) Trage die Werte aus Aufgabe c) in das Diagramm ein. Bezeichne die Art des Graphen.

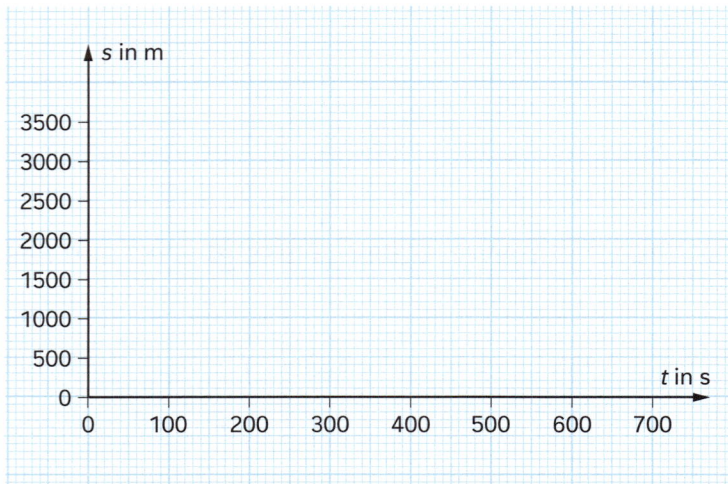

Es ist ein _____ Graph, der im Ursprung beginnt.

Kräfte bewirken Veränderungen

1 a) Kreise die Veränderungen ein, die Kräfte bewirken können.

Richtungsänderung   Glaubensänderung   elastische Änderung

Notenänderung   plastische Änderung   Bewegungsänderung

b) Ordne die gewählten Veränderungen aus a) den Beispielen in der Tabelle zu.

c) Ergänze zu jedem Beispiel die Kraft und die Gegenkraft.

Reibungskraft • Muskelkraft • Spannkraft

Veränderung	Beispiel	Kraft	Gegenkraft
Richtungsänderung	Slalom laufen	Muskelkraft	Reibungskraft
	Ski fahren		
	Brötchenteig formen		
	Gummiband ziehen		

2 Eine wirkende Kraft und eine Gegenkraft können sich im Gleichgewicht befinden. Verbinde das Beispiel mit der passenden Kraft und Gegenkraft.

ein Apfel hängt am Baum
ein Apfel fällt vom Baum

- Erdanziehungskraft
- Reibungskraft der Luft
- Erdanziehungskraft
- Spannkraft

Dynamische Phänomene

Ein Kraftmesser misst Kräfte

1 a) Beschrifte den Federkraftmesser mit den Fachbegriffen.

> Schraubenfeder • Schraube zur Einstellung der Nulllage • Skala • Messbereich • Hülle

b) Erkläre den Begriff Messbereich. Kreuze die richtige Aussage an.

☐ Der Messbereich zeigt an, in welchem Bereich du messen sollst.

☐ Der Messbereich gibt die größte messbare Kraft des Federkräftemessers an.

c) Beschreibe die Einstellung der Nulllage. Die Satzbausteine helfen dir.

> Schraube lösen • Feder bewegen • Beginn der Skala und Rand der Hülle übereinstimmen • Schraube festziehen

_____
_____
_____
_____
_____

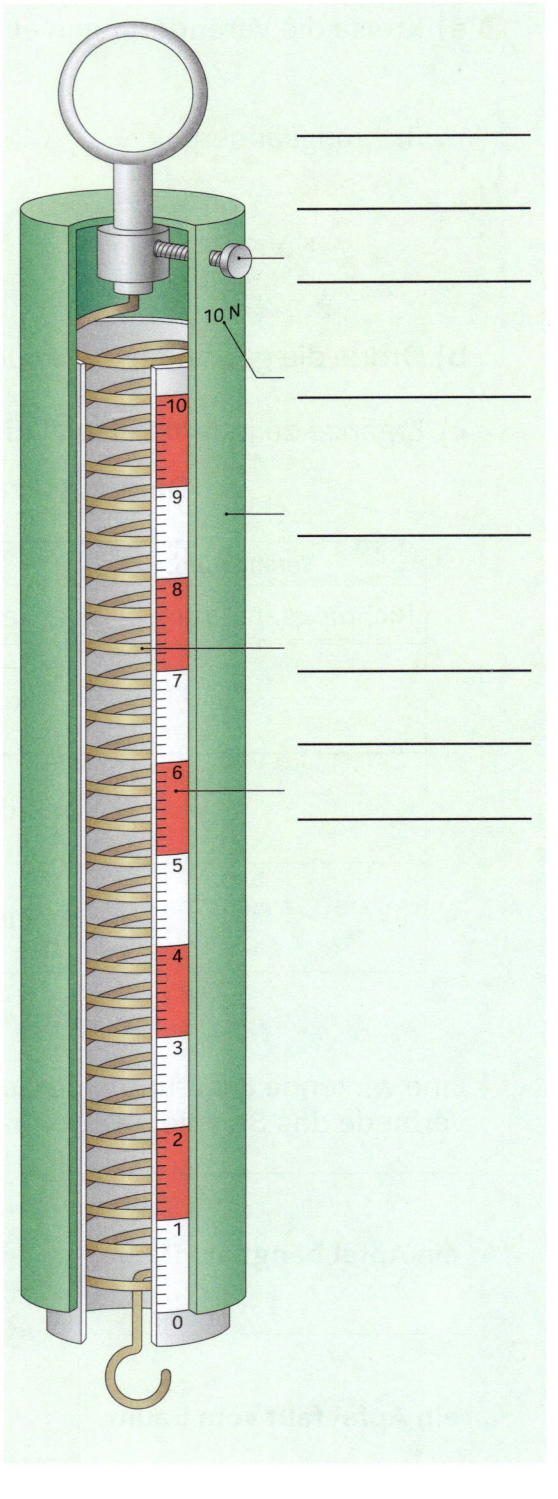

d) Die Nulllage wurde nicht richtig eingestellt. Kreuze an, welche Folge das hat.

☐ Das angehängte Massestück kann nicht genau gemessen werden.

☐ Die Schraubenfeder dehnt sich nicht.

☐ Die Schraubenfeder wird plastisch verformt.

Dynamische Phänomene   33

Hookesches Gesetz: plastisch oder elastisch?

① Schraubenfedern findet man häufig im Alltag.
  Kreise die Beispiele mit einer Schraubenfeder ein.

  Locher   Reißverschluss   Wäscheklammer

  Schranktür   Türklinke   Fahrradsattel

② Eine Schraubenfeder wird mit 3 N belastet und verlängert sich um 6 cm.
  Berechne die Verlängerung der Feder bei einer Belastung von 4 N.

  Rechne mit dem Dreisatz:

  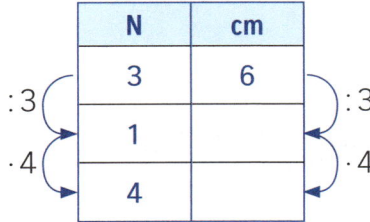

  Antwort: Die Verlängerung der Feder beträgt _____ cm.

③ Auf den Bildern ist jeweils eine harte und eine weiche Feder zu sehen. Kreuze an.

  ☐ weiche Feder   ☐ weiche Feder

  ☐ harte Feder   ☐ harte Feder

④ Welcher Graph auf dem Bild hat die größere Federkonstante?
  Kreuze an.

  ☐ Der rote Graph zeigt die Feder mit der höheren Federkonstante an.

  ☐ Der blaue Graph zeigt die Feder mit der höheren Federkonstante an.

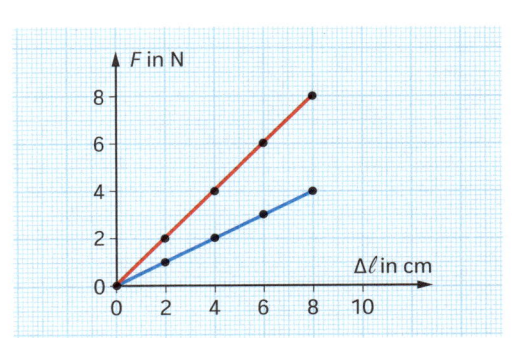

Dynamische Phänomene

Die Kraft ist eine gerichtete Größe

1 Zwei Kräfte wirken in die gleiche Richtung. Ergänze den Lückentext.

> **Kraft F_1 • gleiche Richtung • Gesamtkraft • Kraft F_2
> • Pfeile • Kräfte • Gesamtkraft F_R**

Zwei _____ können in die gleiche Richtung wirken. Dabei schieben zum Beispiel zwei Kräfte einen Gegenstand an. Die beiden Kräfte können dann zu einer _____ addiert werden. Dies kann man grafisch darstellen. Die _____ in der Grafik stellen die beiden Kräfte dar. Beide Pfeile weisen in die _____. Beide Pfeile zusammen sind die _____. Um die Gesamtkraft darzustellen, setzt man den Angriffspunkt der _____ an die Pfeilspitze der _____.

2 a) Zwei Kräfte in die gleiche Richtung auf einen Gegenstand.
Trage die beiden Kräfte und die Gesamtkraft in die Abbildung ein.

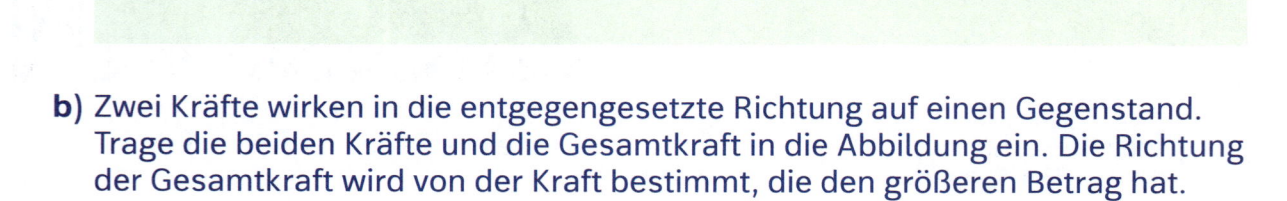

Kraft F_1 = 400 N   Kraft F_2 = 200 N   Maßstab: 1 cm entspricht 100 N

b) Zwei Kräfte wirken in die entgegengesetzte Richtung auf einen Gegenstand. Trage die beiden Kräfte und die Gesamtkraft in die Abbildung ein. Die Richtung der Gesamtkraft wird von der Kraft bestimmt, die den größeren Betrag hat.

Kraft F_1 = 400 N   Kraft F_2 = 200 N   Maßstab: 1 cm entspricht 100 N

Dynamische Phänomene 35

Die Gewichtskraft und die Trägheitskraft

1 a) Fällt ein Gegenstand herunter, fällt er in eine bestimmte Richtung. In welche Richtung fällt der Gegenstand auf dem Südpol, dem Nordpol, Europa und Afrika?

_____

b) Kreuze die Ursache für die Richtung der Fallbewegung der Gegenstände an.

☐ Fallkraft ☐ Erdanziehungskraft ☐ Masse

2 Gib jeweils die Gewichtskraft in N (Newton) an, die auf der Erde auf eine Masse von 200 g und 2 kg wirkt.

Umrechnung von g (Gramm) in kg (Kilogramm): 1000 g = 1 kg   200 g = _____
Rechnung: Gewichtskraft F_G (in N) ≈ $10 \frac{N}{kg} \cdot m$ (in kg)

$10 \frac{N}{kg} \cdot$ _____ kg = _____   Die Gewichtskraft beträgt: _____

$10 \frac{N}{kg} \cdot$ _____ kg = _____   Die Gewichtskraft beträgt: _____

3 Du fährst Fahrrad und musst auf einmal stark abbremsen. Dein Körper fliegt fast über den Lenker. Erkläre mithilfe der Satzbausteine die Reaktion deines Körpers.

> **fällt nach vorne • es wirkt die Trägheitskraft des Körpers
> • Körper will weiter nach vorne fahren • nicht möglich
> • Trägheitskraft wirkt entgegen der Bewegungsänderung**

_____

_____

_____

4 Zwei Kinder treten gegen einen Medizinball und einen Fußball. Der Medizinball richtet größeren Schaden an, als der Fußball. Kreuze die Begründung an.

☐ Die Masse des Medizinballs ist größer, dadurch ist seine Trägheit größer.

☐ Der Fußball fliegt schneller.

☐ Der Medizinball ist aus einem anderen Material gemacht, dadurch ist er härter.

Dynamische Phänomene

Mit Rollen und Seilen Kräfte sparen

1. Du möchtest einen 10 kg schweren Eimer hochziehen. Überlege, wie viele unterschiedlich tragende Seilstücke du jeweils hast. Markiere sie in den Zeichnungen farbig. Setze dann die Werte in die Formel ein. Beachte: 10 kg ≙ 100 N.

Tipp:
F_a ist die aufzubringende Kraft, um den 10 kg-Eimer hochzuziehen,
F_G ist die Gewichtskraft des 10 kg-Eimers,
n ist die Anzahl der tragenden Seilstücke.

Wie viel Kraft musst du aufwenden, wenn du …

a) … den Eimer mit einem Seil hochziehen willst?

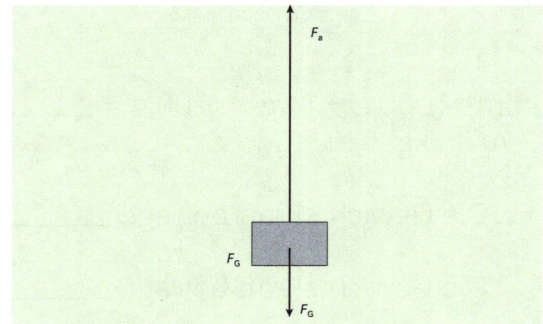

Rechnung:

$F_a = \frac{1}{n} \cdot F_G = $ _____

Antwort: Die aufzubringende Kraft beträgt _____ .

b) … den Eimer mit einem Seil und einer festen Rolle hochziehen willst?

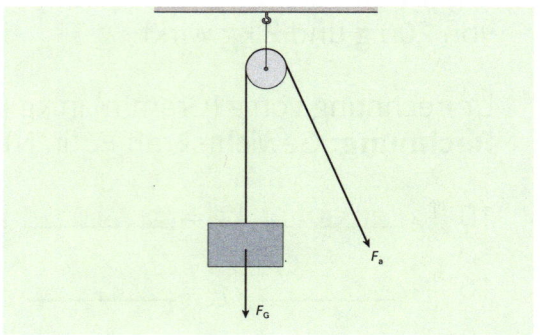

Rechnung:

$F_a = \frac{1}{n} \cdot F_G = $ _____

Antwort: Die aufzubringende Kraft beträgt _____ .

c) … den Eimer mit einem Seil und einer losen Rolle hochziehen willst?

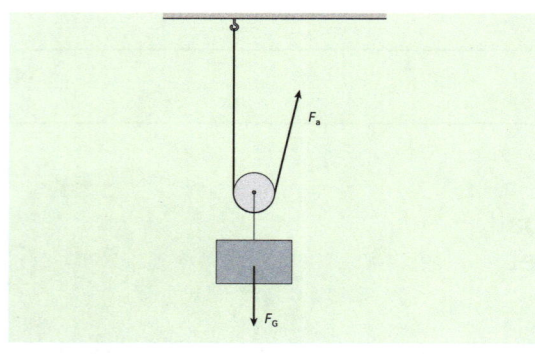

Rechnung:

$F_a = \frac{1}{n} \cdot F_G = $ _____

Antwort: Die aufzubringende Kraft beträgt _____ .

d) … den Eimer mit einem Seil, einer festen und einer losen Rolle hochziehen willst?

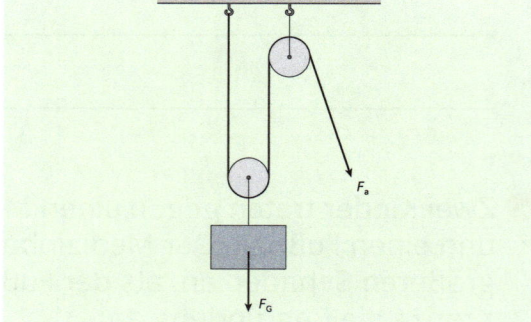

Rechnung:

$F_a = \frac{1}{n} \cdot F_G = $ _____

Antwort: Die aufzubringende Kraft beträgt _____ .

Mit Hebeln Kräfte sparen

1 a) Kreuze an, ob es ein einseitiger oder ein zweiseitiger Hebel ist.

Hebel	einseitig	zweiseitig
Türklinke		
Zange		
Schere		
Locher		
Fenstergriff		
Wippe		
Wasserhahn		

b) Verbinde die Eigenschaften mit den richtigen Hebeln. Manche Eigenschaften treffen auf beide Hebel zu.

einseitiger Hebel

zweiseitiger Hebel

- Die Kräfte wirken in die gleiche Richtung.
- Die Kräfte wirken auf beiden Seiten des Drehpunktes.
- Die Kräfte wirken parallel zueinander.
- Die Kräfte wirken auf einer Seite des Drehpunktes.
- Die Kräfte wirken in die entgegengesetzte Richtung.

2 Beschreibe, wie du den Flaschenöffner benutzt. Fülle die Lücken aus.

> einseitiger Hebel • Flaschenöffner • vorderen Spitze
> • entgegengesetzt • Kronkorken

Ich setze den Flaschenöffner auf

den _____. Mit meiner

Kraft hebe ich den _____

nach oben. Der Drehpunkt ist an der

_____ des Flaschenöffners.

Der Flaschenöffner ist ein _____.

Die Kräfte wirken _____.

Mit der schiefen Ebene Kräfte sparen

1 a) Auf dem Bild siehst du ein Beispiel für schiefe Ebenen aus dem Alltag. Beschreibe, was für eine Funktion die schiefe Ebene hat.

_____

_____

_____

_____

_____

_____

b) Streiche die falschen Wörter durch.

Je **flacher / steiler** der Steigungswinkel ist, desto **kleiner / höher** ist die aufzubringende Kraft und desto **kürzer / länger** ist die schiefe Ebene.

c) Beschrifte die schiefe Ebene mit den wirkenden Kräften.

> **Normalkraft F_N • aufzubringende Kraft F_a • Hangabtriebskraft F_H**

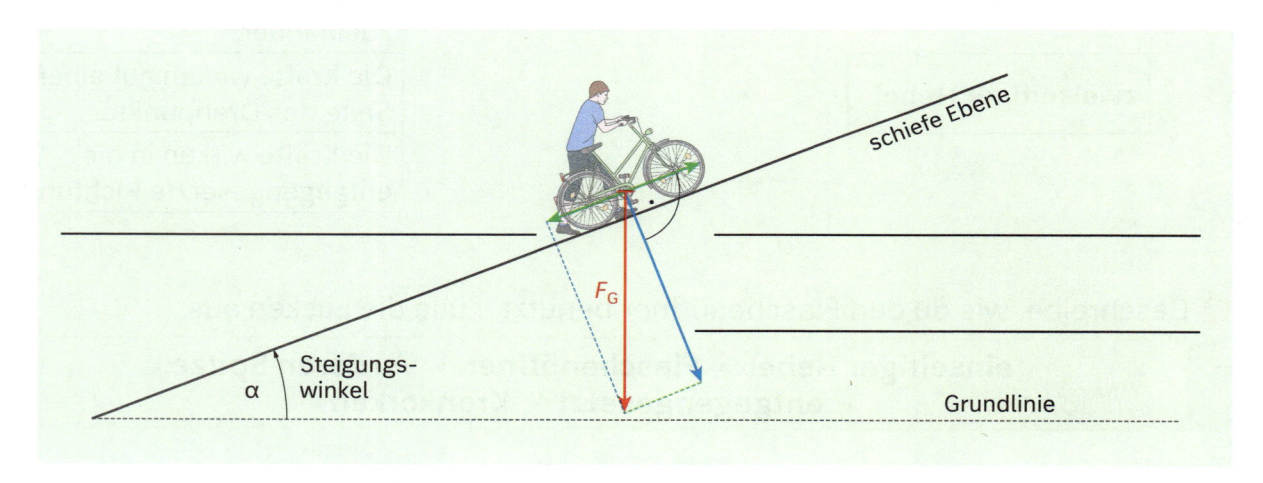

d) Verbinde die wirkende Kraft mit ihrer jeweiligen Richtung.

Normalkraft F_n	wirkt parallel zur schiefen Ebene
Gewichtskraft F_G	wirkt senkrecht zur schiefen Ebene
aufzubringende Kraft F_a	wirkt parallel zur schiefen Ebene, aber entgegen der aufzubringenden Kraft
Hangabtriebskraft F_H	wirkt in Richtung zum Erdmittelpunkt

Die goldene Regel der Mechanik

1 a) Benenne zu jedem Kraftwandler ein Beispiel.
b) Nenne einen gemeinsamen Vorteil der Kraftwandler.

Kraftwandler	Beispiel	Vorteil aller Kraftwandler
Flaschenzug		_____
Hebelarm		_____
schiefe Ebene		_____

c) Die Je-desto-Sätze zeigen den Zusammenhang zwischen der aufzubringenden Kraft F und der Länge des zurückgelegten Weges s auf. Streiche die falschen Wörter durch.

Kraftwandler Flaschenzug Je **weniger / mehr** Rollen verwendet werden,
desto **kleiner / größer** ist die aufzubringende Kraft F und
desto **kürzer / länger** ist der zurückzulegende Weg s.

Kraftwandler Hebelarm Je **kürzer / länger** die Hebelarme sind,
desto **kleiner / größer** ist die aufzubringende Kraft F und
desto **kürzer / länger** ist der zurückzulegende Weg s.

Kraftwandler schiefe Ebene Je **kürzer / länger** die schiefe Ebene ist,
desto **kleiner / größer** ist die aufzubringende Kraft F und
desto **kürzer / länger** ist der zurückzulegende Weg s.

2 a) Auf den Bildern siehst du den Verlauf einer Straße, die auf einen Berg führt und den Verlauf einer Straße im Tal. Beschreibe die Unterschiede.

_____

_____

b) Kreuze den Grund für den Verlauf einer Gebirgsstraße an.

☐ Die Straße kann nicht geradlinig gebaut werden, weil zu viele Bäume und Steine im Weg sind.

☐ Die Straße kann nicht geradlinig gebaut werden, weil der Berg ist zu steil ist. Kein Auto könnte eine solche Steigung bewältigen.

☐ Die Straße ist eine schiefe Ebene. Das Auto braucht weniger Kraft, um auf den Berg zu kommen, aber dafür ist der Weg länger.

Dynamische Phänomene

Kraft und mechanische Energie

1 Mit deiner Kraft kannst du die Energie eines Körpers (Gegenstandes) verändern. Wenn du einen Karton anhebst, wird in dem Karton Höhenenergie gespeichert. Verbinde die Tätigkeiten mit der Energie, die den Körper verändert hat.

| Höhenenergie | Bewegungsenergie | Spannenergie |

2 Ein Pfeil wird mithilfe eines Bogens abgeschossen.
a) Kreuze die beteiligten Kräfte an.

☐ Muskelkraft ☐ Gewichtskraft ☐ Erdabstoßungskraft

b) Kreuze die auftretenden Energien an.

☐ Spannenergie ☐ Ruheenergie ☐ Bewegungsenergie

c) Trage für diesen Vorgang die Begriffe in das Energieflussdiagramm ein.

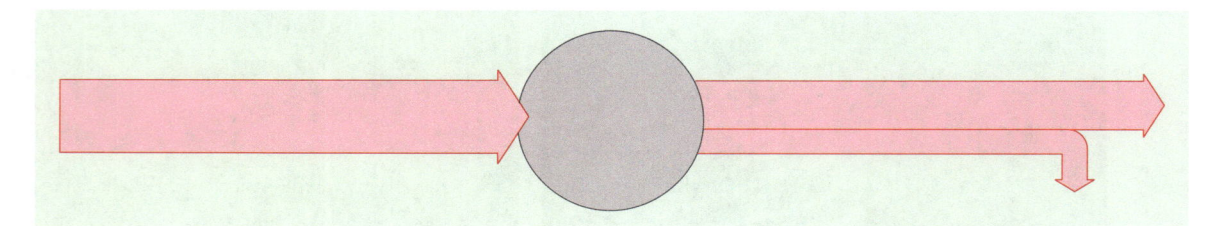

3 Nenne mithilfe des Bildes weitere sportliche Aktivitäten, bei denen durch eine Kraft die Energie der Körper verändert wird.

_____

_____

_____

Dynamische Phänomene

Die mechanische Arbeit und Leistung

1 a) Die Größe der Arbeit hängt von physikalischen Größen ab.
Kreuze die physikalischen Größen an.

☐ Kraft ☐ Energie

☐ Zeit ☐ Strecke

b) Es gibt die Hubarbeit und die Verformungsarbeit. Trage die Begriffe passend zu den Bildern ein.

_____ _____ _____

2 Die Größe der Leistung hängt von physikalischen Größen ab.
Kreuze die physikalischen Größen an.

☐ übertragene Energie ☐ Gesamtkraft

☐ Zeit ☐ Strecke

3 Ein Kran hebt einen 50 t schweren Container 10 m an. Berechne die Hubarbeit, die der Kran verrichten muss, mit der Formel $W_{hub} = F_G \cdot s$.

Gegeben sind die Werte: die Masse $m = 50$ t, die Strecke $s = 10$ m

Gesucht ist der Wert: die Hubarbeit W_{hub} in der Einheit Nm (Newtonmeter)

Rechnung: 1. Rechne die Masse in die Einheit kg (Kilogramm) um.

$1\text{ t} = 1000\text{ kg}$ → $\cdot 1000$ → $50\text{ t} = $ _____

2. Berechne die Gewichtskraft F_G in der Einheit N (Newton).

$F_G = m \cdot 10\,\frac{N}{kg} = $ _____ $\cdot 10\,\frac{N}{kg} = $ _____

3. Berechne die Hubarbeit W_{hub} in der Einheit Nm (Newtonmeter).

$W_{hub} = F_G \cdot s = $ _____ $\cdot$ _____ $= $ _____

Antwort: Der Kran muss eine Hubarbeit von _____ verrichten.

Die elektrische Energie und ihre Umwandlung

1 Elektrische Geräte wandeln Energie um. Trage in die Tabelle die Energieformen ein, in die gewandelt werden. Schreibe ein eigenes Beispielgerät auf.

> Bewegungsenergie • innere Energie (Wärme) • Schall • Licht

Gerät	abgegebene Energien
Laptop	Licht, Schall, Bewegungsenergie, innere Energie (Wärme)
Bohrmaschine	
Rasenmäher	
Taschenlampe	

2 Zeichne für das Beispiel Bohrmaschine aus der Tabelle das Energieflussdiagramm.

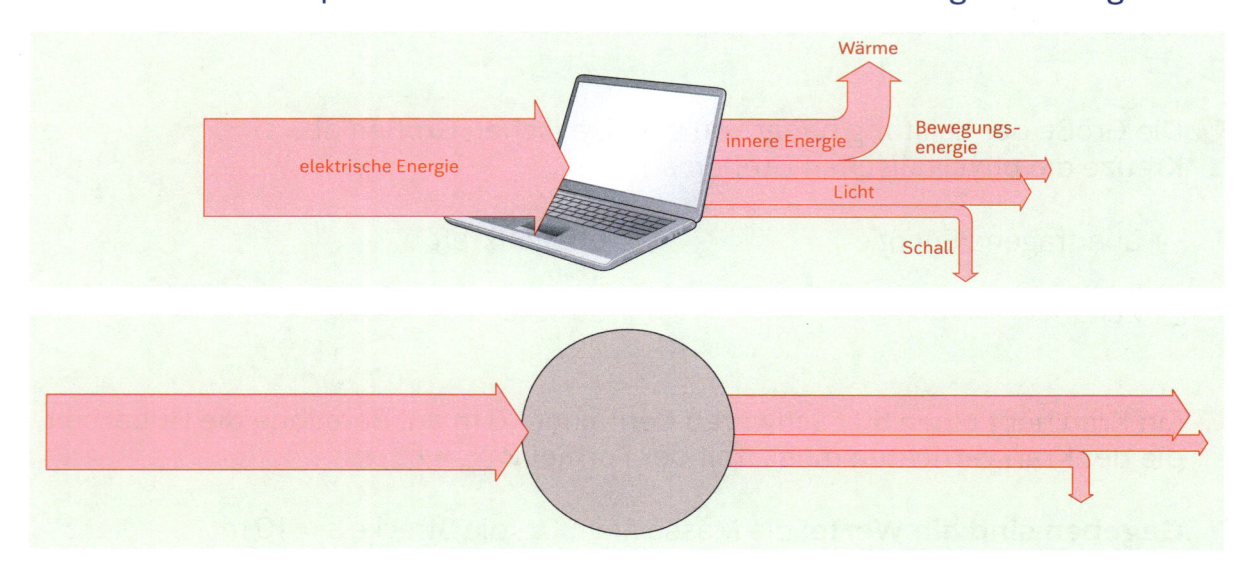

3 In einem Wasserkraftwerk wird Höhenenergie in elektrische Energie umgewandelt. Dafür wird die Höhenenergie in Bewegungsenergie umgewandelt. Die Bewegungsenergie wird durch einen Generator in elektrische Energie umgewandelt.

> Bewegungsenergie • elektrische Energie • Generator • Höhenenergie • Turbine • innere Energie (Wärme)

Trage die Begriffe in das Energieflussdiagramm ein.

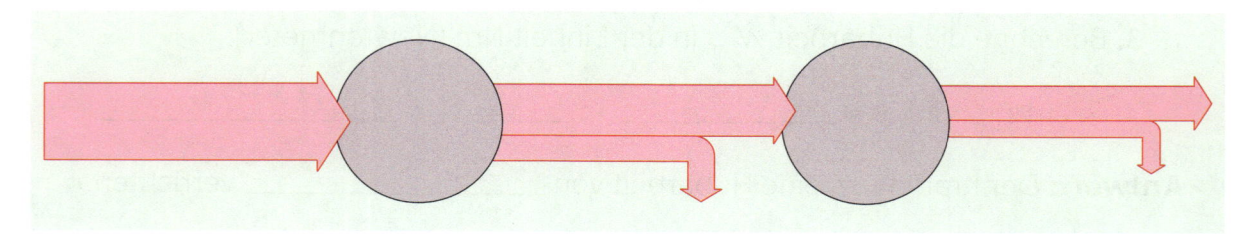

Spannung und Induktion   43

Die elektrische Ladung

1 Beschreibe Situationen, bei denen du schon mal einen elektrischen Schlag bekommen hast oder es geknistert hat.

_____

_____

_____

_____

2 Eine elektrisch geladene Kugel wird einer zweiten geladenen Kugel genähert.

a) Die Kugeln haben gleichartige Ladungen. Kreuze an, welches Bild richtig ist.

b) Die Kugeln sind ungleichartig geladen. Kreuze an, welches Bild richtig ist.

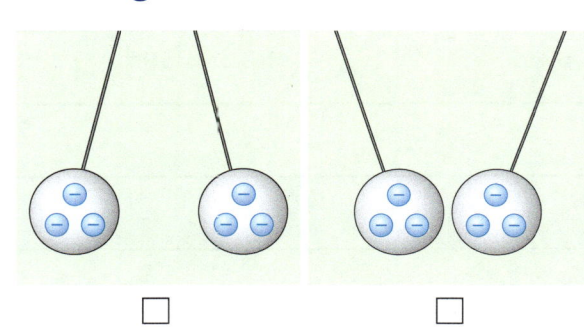

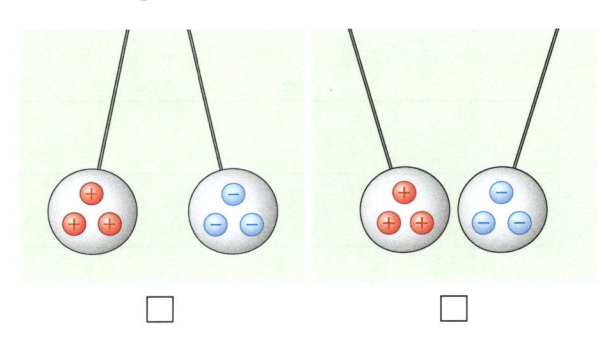

☐   ☐   ☐   ☐

3 Ergänze im Text die Lücken zur Funktionsweise eines Elektroskopes.

Elektroskop • Metallzeiger • abstoßen • Metallteller • gleichartig

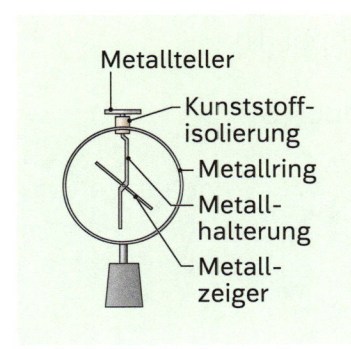

Mit einem _____ kannst du nachweisen, dass ein Körper elektrisch geladen ist. Dafür streifst du den Körper an dem _____ ab. Durch das Abstreifen werden die Metallteile im Elektroskop _____ geladen. Der _____ schlägt aus, weil sich gleichartige Ladungen _____ .

Spannung und Induktion

Das Magnetfeld eines Dauermagneten

1 Magnetfelder können sichtbar gemacht werden. Beschreibe die Abbildung und erkläre, wie du das machen kannst.

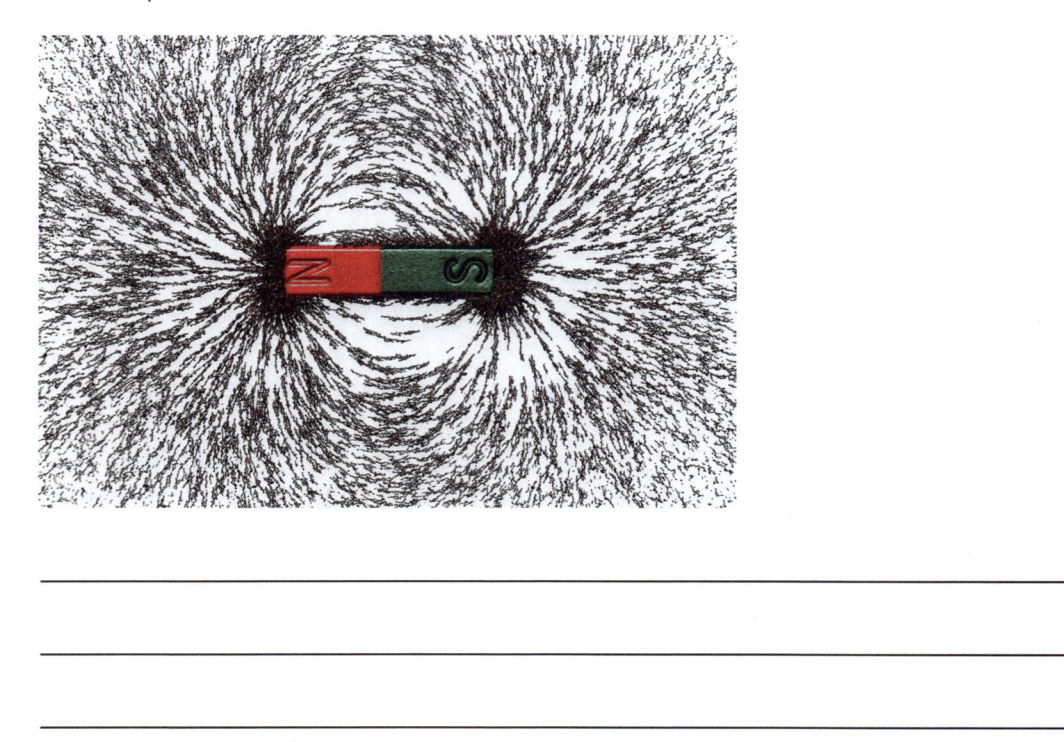

_____
_____
_____
_____

2 Kreuze an, in welche Richtung die Pfeilspitzen der kleinen Magnetnadeln zeigen.

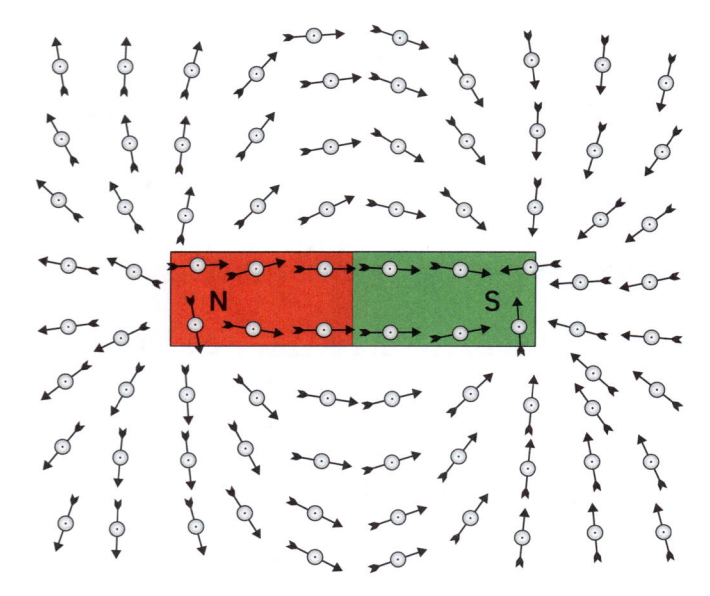

Die Pfeilspitzen zeigen zum

☐ N**o**rdpol (N)

☐ S**ü**dpol (S)

3 Kreuze an, welche Informationen du einem Feldlinienbild entnehmen kannst.

☐ Die Feldlinien zeigen die Form des Magnetfeldes.

☐ Die Feldlinien zeigen die Masse des Magneten.

☐ Die Feldlinien zeigen auf, wo die Magnetkraft stark ist.

Spannung und Induktion

Das elektrische Feld

1 Zeichne die Feldlinienbilder ein.

a) Eine Kugel ist negativ geladen, die andere positiv.

b) Beide Kugeln sind positiv geladen.

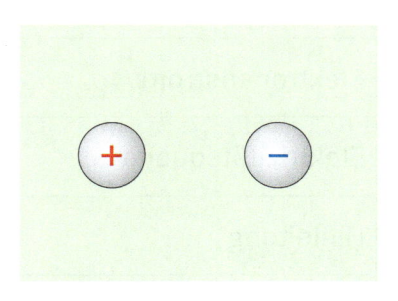

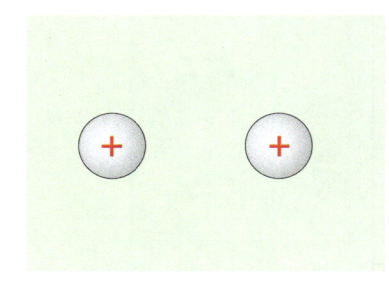

Beachte:
- Die Feldlinien berühren sich nicht.
- Die Feldlinien treten senkrecht ein und aus.
- Bei einer positiven Ladung treten die Feldlinien aus der Kugel aus.
- Bei einer negativen Ladung treten die Feldlinien in die Kugel ein.

2 Kreuze die Merkmale von elektrischen Feldlinien an.

☐ Feldlinien sind keine in sich geschlossenen Kreise.

☐ Feldlinien sind in sich geschlossenen Kreise.

☐ Feldlinien verlaufen von der positiven zur negativen Ladung.

☐ Feldlinien verlaufen von der negativen zur positiven Ladung.

☐ Feldlinien schneiden und berühren sich.

☐ Feldlinien schneiden und berühren sich nicht.

3 Ein Auto wirkt bei einem Gewitter wie ein faradayscher Käfig. Erkläre die Aussage mithilfe des Bildes und der Wortschatzhilfen.

_____

_____

_____

_____

_____

_____

_____

Wortschatzhilfen:
- positiv geladene Wolken
- negativ geladener Boden
- durch Ladungsunterschied Blitze
- Autohülle ist aus Metall
- Metallhülle schützt den Innenraum

Spannung und Induktion

Die elektrische Spannung

1 Ein Wasserkreislauf und ein Stromkreis sind ähnlich aufgebaut. Vergleiche beide, indem du ähnliche/vergleichbare Funktionen miteinander verbindest.

Wasserkreislauf
Pumpe
Rohr
Wasserrad
Graben
Wasserstrom

Stromkreis
Nutzer
Elektronenstrom
Elektrizitätsquelle
Hinleitung
Rückleitung

2 Zwischen den Polen einer Batterie besteht eine Spannung. Kreuze an, warum das so ist und warum es wichtig für den Stromkreis ist.

☐ Die Elektronen wandern zwischen den Polen hin und her, dadurch entsteht eine Spannung.

☐ Es gibt am Minuspol einen Überschuss an Elektronen und am Pluspol einen Elektronenmangel.

☐ Die Elektronen wandern vom Überschuss zum Mangel. Dadurch entsteht der Stromkreislauf.

☐ Es gibt keine freien Elektronen, wenn es keine Spannung gibt.

3 Du hast einen einfachen Stromkreis mit Motor und Schalter. Du möchtest die Spannung am Motor messen. Zeichne dafür einen Schaltplan. Die Abbildung im Buch hilft dir dabei.

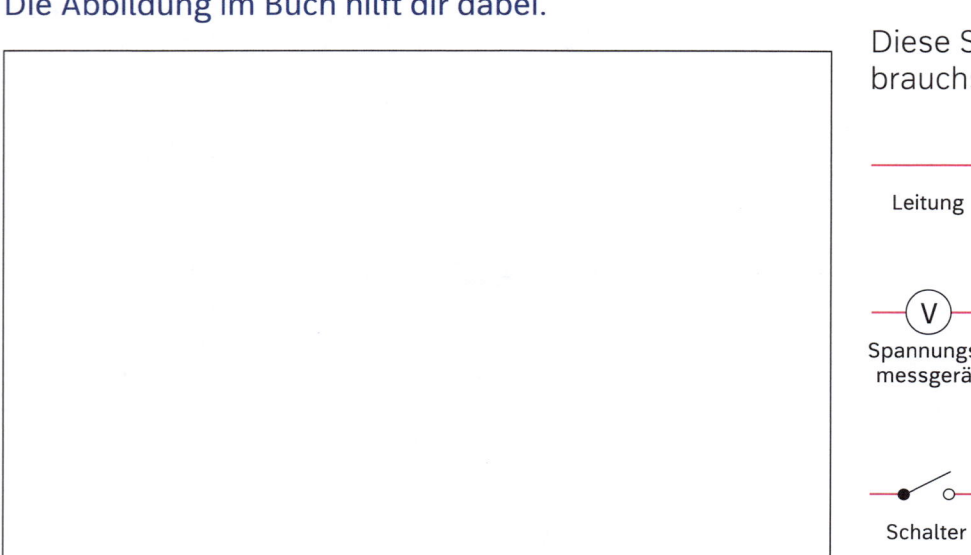

Diese Schaltzeichen brauchst du dafür:

Leitung Motor (M)

Spannungsmessgerät (V) Elektrizitätsquelle

Schalter

Das Magnetfeld eines elektrischen Leiters

1 a) Eine Kompassnadel zeigt das Magnetfeld der Erde an. OERSTED machte dazu in einem Versuch eine zufällige Entdeckung. Kreuze die richtige Entdeckung an.

☐ Die Kompassnadel zeigt immer das Magnetfeld der Erde an.

☐ Die Kompassnadel bewegt sich in der Nähe eines Strom führenden Leiters.

☐ Die Kompassnadel bewegt sich nicht in der Nähe eines Strom führenden Leiters.

b) Vervollständige die Sätze zur Entdeckung von OERSTED.

Die Kompassnadel zeigt normalerweise das Magnetfeld der Erde an.

In der Nähe eines Strom führenden Leiters _____ die Kompass-

nadel. Sie zeigt nicht mehr das _____ der Erde an.

2 Mit der Linke-Faust-Regel kannst du die Richtung der Magnetfeldlinien um einen Strom führenden Leiter bestimmen. Dies zeigt dir die Abbildung A. Bestimme in der Abbildung B die Elektronenrichtung und dann mithilfe der Linke-Faust-Regel die Richtung der Feldlinien. Trage die Pfeile in die Abbildung B ein.

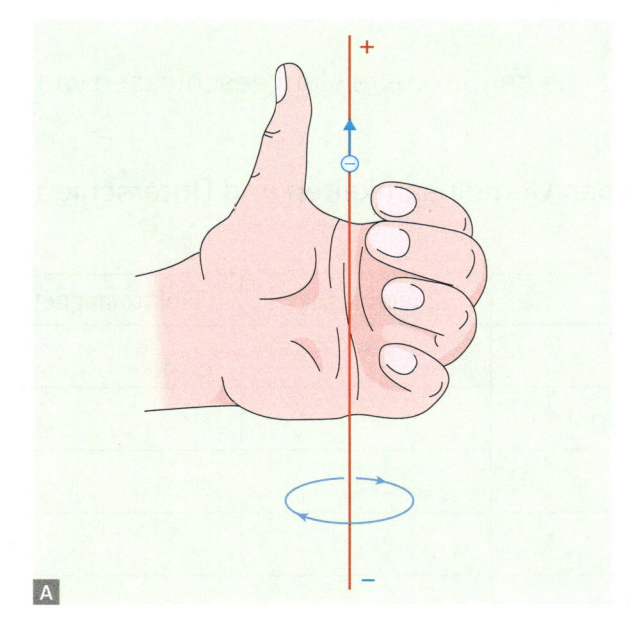

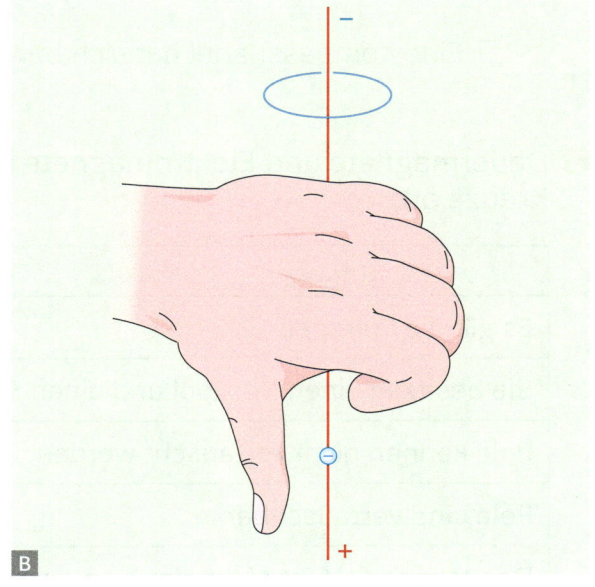

A

B

3 Ein Kompass kann von technischen Einrichtungen oder Situationen beeinflusst werden. Kreise die Möglichkeiten ein.

spielende Kinder

Hochspannungsleitungen

Holzhaus

Trafostationen

Gewitter

Spannung und Induktion

Der Elektromagnet

1 Ergänze den Text zum Aufbau eines Elektromagneten aus. Fülle dazu die Lücken aus.

Im Inneren des Elektromagneten ist ein _____ .

Um den Eisenkern ist eine _____ gewickelt.

Der Elektromagnet muss an eine _____ angeschlossen sein.

2 a) Die Wirkung eines Elektromagneten kann verstärkt werden. Fülle die Lücke aus.

Je höher die _____ der Spule ist, desto stärker ist die magnetische Wirkung des Elektromagneten.

b) ROMAGNOSI und OERSTED entdeckten, dass ein Magnetfeld entsteht, wenn durch einen elektrischen Leiter Elektronen fließen. Kreuze an, was ihnen bei der Erkenntnis geholfen hat.

☐ Mehrere Gegenstände wurden von dem Magnetfeld angezogen.

☐ Sie haben einen Stromschlag bekommen.

☐ Eine Kompassnadel hat sich bewegt, als der Stromkreislauf geschlossen wurde.

3 Dauermagnete und Elektromagnete haben Gemeinsamkeiten und Unterschiede. Kreuze an.

	Dauermagnet	Elektromagnet
Es gilt die Polregel.		
Sie besitzen einen Nordpol und einen Südpol.		
Pole können nicht vertauscht werden.		
Pole sind vertauschbar.		
Das Magnetfeld ist nicht ein- und ausschaltbar.		
Das Magnetfeld ist ein- und ausschaltbar.		
Die Stärke eines Magnetfeldes kann nicht reguliert werden.		
Die Stärke eines Magnetfeldes kann durch die Windungszahl der Spule reguliert werden.		

Die elektromagnetische Induktion

1 a) Beschreibe den Aufbau des Versuches von MICHAEL FARADAY auf der folgenden Abbildung. Benutze die Wortschatzhilfen.

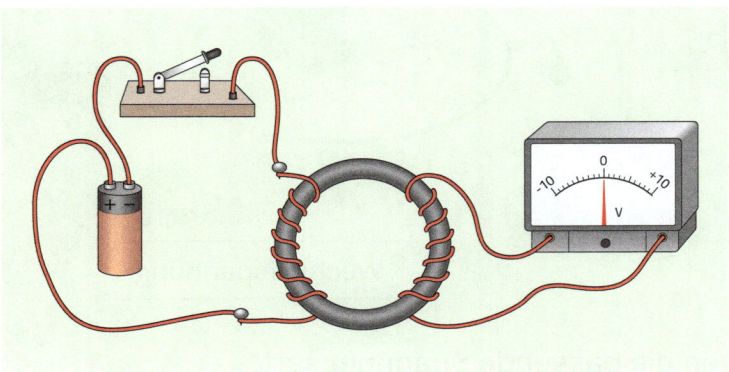

Wortschatzhilfen:
- Eisenring
- eine Seite Kupferdraht umwickelt
- angeschlossen an eine Elektrizitätsquelle
- andere Seite Kupferdraht umwickelt
- angeschlossen an ein Spannungsmessgerät

_____

_____

_____

_____

b) Fülle die Lücken zur Beobachtung und zur Erklärung des Versuches aus.

Magnetfeld • Stromkreis • Elektronen • Stärke • Zeiger • Messgerätes

Beobachtung: Wenn der _____ geschlossen wird, reagiert der _____ des _____ .

Erklärung: Die _____ bewegen sich hin und her, wenn die Elektronen einem Magnetfeld mit veränderter _____ ausgesetzt sind.

2 Kreise die Voraussetzungen ein, um eine elektrische Spannung zu induzieren.

Magnetfeld   Bewegung

Metallstäbe

Spule   Holzstäbe   Steckdose

3 Mit einem Generator wird Bewegungsenergie in elektrische Energie umgewandelt. Nenne mindestens drei Beispiele für den Einsatz von Generatoren.

_____

_____

Spannung und Induktion

Die Gleichspannung – die Wechselspannung

1 a) Verbinde die Geräte mit der passenden Spannungsart.

Gleichspannung   Wechselspannung

b) Schreibe zu den Aussagen die passende Spannungsart.

Minuspol und Pluspol werden ständig vertauscht. _____

Es gibt einen festen Minuspol und Pluspol. _____

Die Elektronen bewegen sich immer in die gleiche Richtung. _____

Die Elektronen wechseln ständig die Richtung. _____

Die Höhe der Spannung ändert sich dauernd. _____

Die Höhe der Spannung bleibt konstant. _____

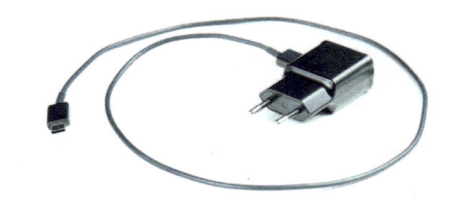

2 Kreuze an, warum die Buchsen der Elektrizitätsquelle für Gleichspannung farblich markiert sind.

☐ Es gibt einen festen Minuspol und Pluspol. Die Kabel müssen in die richtige Buchse gesteckt werden.

☐ Es gibt keinen festen Minuspol und Pluspol. Die Kabel müssen in irgendeine der beiden Buchsen gesteckt werden.

☐ So erkennst du den Unterschied zwischen Wechselspannung und Gleichspannung.

3 a) Nenne den Begriff für die Häufigkeit des Polwechsels bei einer Wechselspannung. Gib auch die dazugehörige Maßeinheit an.

_____

b) Die Spannung eines Fahrraddynamos und die Frequenz der Wechselspannung hängen davon ab, wie schnell die Magnete im Dynamo gedreht werden. Streiche die falsche Aussage durch.

Je schneller die Fahrradfahrt ist, desto **höher / niedriger** ist die Frequenz und desto **höher / niedriger** ist die Spannung der Wechselspannung.

Der Gleichstrom-Elektromotor

1 **a)** Beschrifte die Bauteile des Gleichstrom-Elektromotors.

> Schleifkontakte • Halbschalen • Gehäuse • Elektromagnet • Rotor • Stator

_____ _____

_____ _____ _____

b) Bringe die Aussagen zur Funktionsweise des Elektromotors in die richtige Reihenfolge.

Nummer	Funktionsweise des Elektromotors
	Wenn der Rotor sich um 180° gedreht hat, kann er sich nicht weiterdrehen, weil sein Nordpol jetzt vom Südpol des Stators angezogen wird.
	Jetzt werden die Magnetpole der Spule durch die geteilten Schleifringe (den Kommutator) automatisch vertauscht. Dadurch kehrt sich das Magnetfeld des Rotors um. Die nun gleichartigen Pole stoßen sich ab.
	Der Elektromotor funktioniert, indem sich die ungleichartigen Pole des Stators und des Rotors gegenseitig anziehen. Der Rotor dreht sich um 180°.
	Nun kann der Rotor sich wieder um 180° zum anderen Pol des Stators drehen. Das Tauschen der Magnetpole der Spule erfolgt durch den Kommutator erneut automatisch. Der Rotor dreht sich ständig weiter.

2 Der Rotor eines Elektromotors darf kein Dauermagnet sein. Kreuze den Grund an.

☐ Ein Dauermagnet ist zu schwer für den Rotor.

☐ Ein Dauermagnet kann seine Pole nicht verändern. Der Rotor könnte sich nicht weiter drehen.

☐ Ein Dauermagnet kostet zu viel Geld.

3 **Beschrifte mithilfe des Textes die Pfeile im Energieflussdiagramm.**
Elektromotoren brauchen elektrische Energie, um arbeiten zu können. Sie sind Energiewandler. Die Energie wird in mechanische Energie umgewandelt. Ein Teil der zugeführten Energie wird in innere Energie umgewandelt.

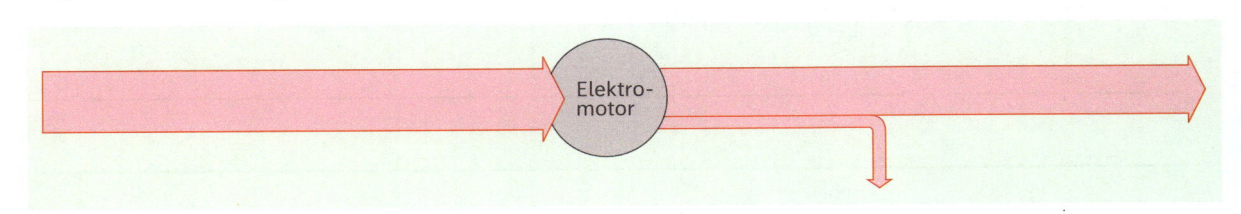

Spannung und Induktion

Der Generator

1 a) Auf den Abbildungen siehst du einen Generator mit Dauermagnet und einen mit Elektromagneten. Beschrifte sie mit den Fachbegriffen.

> Stator mit Spule • Stator mit Spule • Dauermagnet als Rotor • Elektromagnet als Rotor • Schleifkontakte • ungeteilte Schleifringe

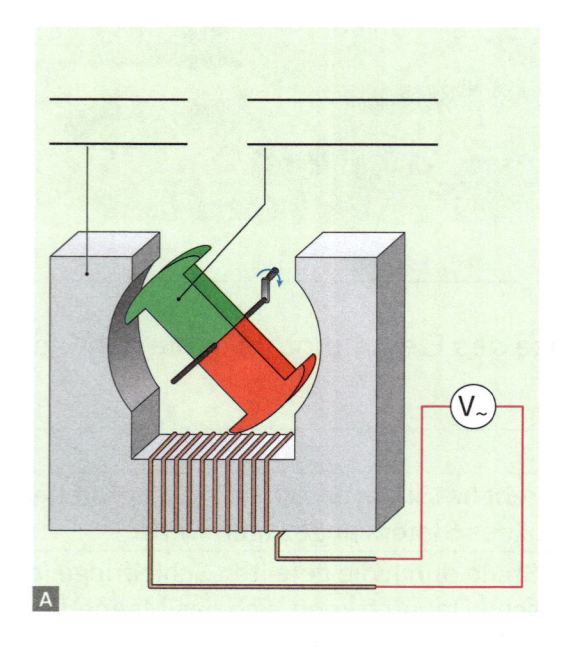

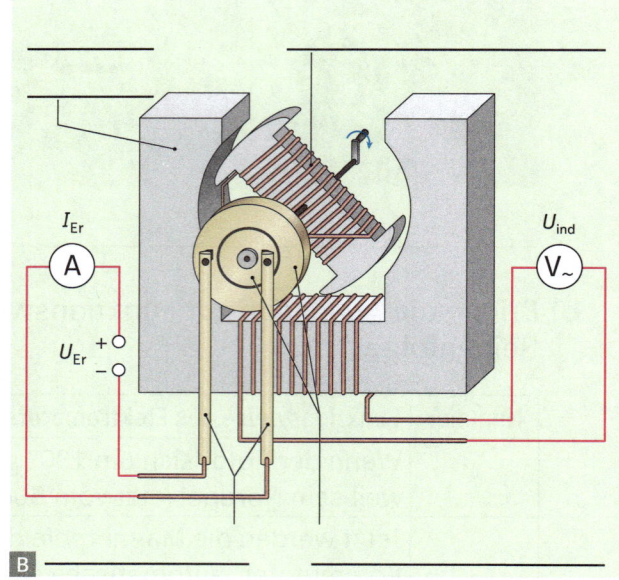

b) Kreise ein, welche Stromart ein Generator in einem angeschlossenen Stromkreis hervorruft.

Gleichstrom   Wechselstrom

2 a) Beim Generator wird eine Spannung induziert, wenn der Rotor gedreht wird. Beschreibe, was getan werden muss, um die Spannung zu regulieren.

_____

_____

b) Dauermagnete haben zwei Nachteile. Deswegen werden Elektromagnete eingesetzt. Kreuze die Nachteile an.

Dauermagnet sind …

☐ sehr schwer.   ☐ mit der Zeit nicht mehr leistungsstark.

☐ sehr teuer.   ☐ sehr schwer herzustellen.

3 Beschreibe die Anordnung der Spulen in einem Drehstromgenerator.

_____

_____

Kosmos und Forschung

Die Gravitation

1 Kreuze die richtige Erklärung zum Begriff Masseschwerpunkt an.

☐ Der Masseschwerpunkt gibt an, wo sich beide Körper treffen.

☐ Der Masseschwerpunkt ist das Zentrum einer Masse.

☐ Der Masseschwerpunkt gibt an, welche Masse ein Körper hat.

2 NEWTON hat viele naturwissenschaftliche Erkenntnisse entdeckt.
Kreise die passenden Stichpunkte zu SIR ISAAC NEWTON ein.

Ströme ein Gegenstand fällt nach unten

1533 – 1642 Magnetismus 1642 – 1727

jeder Körper übt eine Gravitationskraft aus negative Ladung

Pole Gravitationsfeld

3 Nimm verschiedene Gegenstände und versuche, diese auf dem Finger zu balancieren.
Zeichne den Gegenstand auf und trage den Schwerpunkt ein.
Wo ist der Schwerpunkt? Ist er bei jedem Gegenstand an der gleichen Stelle?

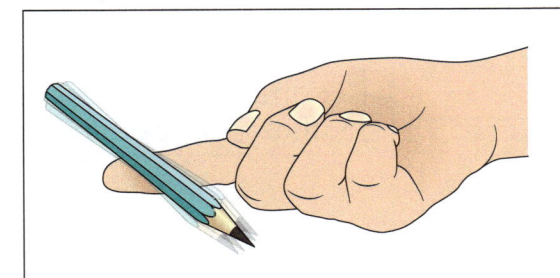

Kosmos und Forschung

Das Universum

1 Beantworte die Fragen zum Universum.

Sind wir der Mittelpunkt des Universums?

_____

_____

Was siehst du nachts am Himmel?

_____

_____

Ist das Universum immer gleich?

_____

_____

2 Beschreibe den Zustand des Universums beim Urknall. Benutze die Wortschatzhilfen.

Beim Urknall war ...

_____

_____

_____

Wortschatzhilfen:
- alles auf einen Punkt gebündelt
- hohe Temperaturen
- alles dicht beieinander

3 Nummeriere die Entstehung des Universums in der richtigen Reihenfolge. Die Abbildung im Buch hilft dir dabei.

Nummer	Die Entstehung des Universum	Nummer	Die Entstehung des Universum
	Dunkles Universum		Entstehung erster Sterne
	Extreme Ausdehnung		Entstehung erster Teilchen
	Urknall		Entstehung von Galaxien und Planeten

4 Vor wie vielen Milliarden Jahren fand der Urknall statt?

_____

Unser Sonnensystem

1 a) Ordne die Begriffe Planet und Stern richtig zu.

Ein selbstleuchtender Himmelskörper ist ein _____.

Ein beleuchteter Himmelskörper ist ein _____.

b) Setze die Wörter in die richtige Lücke.

> **Sonnensystems • Galaxie • Planetensystem**

Die Erde gehört zu einem _____.

Die Sonne ist das Zentrum des _____.

Das Sonnensystem ist Teil einer _____.

2 a) Nenne den Merksatz für die Reihenfolge der Planeten.
_____

b) Nenne die Planeten von der Sonne aus betrachtet.
_____

3 a) Beschreibe den Aufbau von Gesteinsplaneten. Nutze die Wortschatzhilfen
b) Beschreibe den Aufbau von Gasplaneten. Nutze die Wortschatzhilfen.

Wortschatzhilfen:
- fester, innerer Kern aus Metall und flüssiger, äußerer Kern
- Kern aus Gestein oder Eis
- äußere Hülle ist fest
- Mantel ist flüssig und gasförmig

Sterne und Planeten

1 a) Beschrifte die Abbildung der Sonne mit den Fachbegriffen.

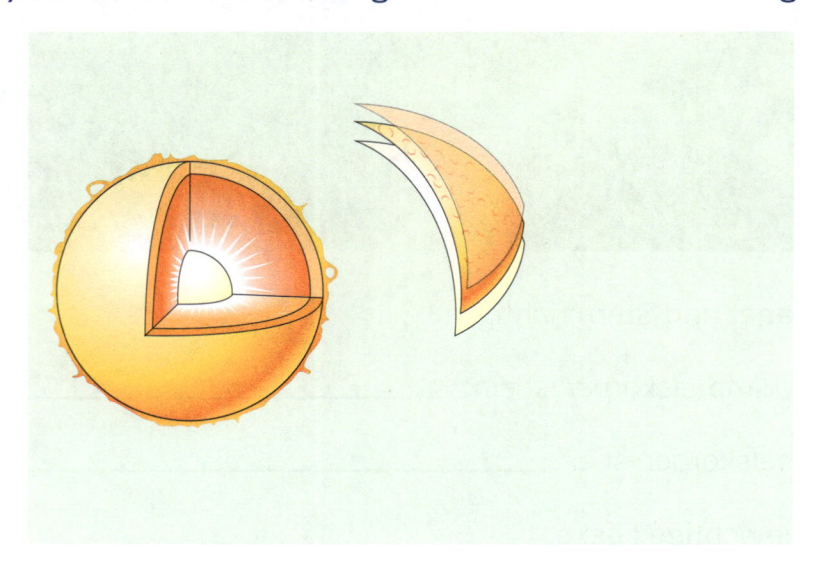

Fachbegriffe:
- Strahlungszone
- Korona
- Kern
- Chromosphäre
- Oberfläche
- Konvektionszone
- Photosphäre
- Sonnenatmosphäre

b) Beschrifte die Abbildung der Sonne mit den Fachbegriffen.

Fachbegriffe:
- Erdkruste
- flüssiger äußerer Kern
- Erdmantel
- flüssiger innerer Kern
- Atmosphäre

2 An welcher Stelle sind die Sonne und die Erde am wärmsten?

_____

3 Beschreibe, was passiert, wenn ein alter Stern stirbt. Nutze die Wortschatzhilfen.

_____

_____

_____

_____

Wortschatzhilfen:
- gibt alle seine Elemente frei
- es entsteht eine Supernova
- Explosion
- Elemente werden zu Planeten

Die Himmelskörper

1 **a)** Ordne die Begriffe richtig zu.

> **Raumsonden • Satelliten • Planeten • Gesteinsbrocken • Sterne**

natürliche Himmelskörper:

_____

künstliche Himmelskörper:

_____

b) Vervollständige die Mindmap mit den Begriffen. Findest du noch mehr Begriffe?

> **Sterne • Monde • Sonne • Asteroiden • Meteoroiden**

Sonne

Monde

Sterne

Himmelskörper

Asteroiden

Meteoroiden

2 Streiche die falschen Aussagen durch.
Monde sind **beleuchtete / selbstleuchtende** Himmelskörper.
Sterne sind **beleuchtete / selbstleuchtende** Himmelskörper.

3 Eine Sternschnuppe entsteht. Bringe den Ablauf in die richtige Reihenfolge.

Nummer	Entstehung einer Sternschnuppe
	Die Trümmerteile des Zusammenstoß heißen Meteoroiden.
	Er hinterlässt eine Leuchtspur, die Sternschnuppe.
	Einer der Meteoroiden steuert auf die Erde zu.
	Zwei Asteroiden treffen aufeinander.
	Der Meteoroid verglüht.
	Es entsteht dabei viel Wärme.
	In der Atmosphäre trifft er auf Luftteilchen, die ihn abbremsen.

Kosmos und Forschung

Die Erforschung des Weltalls

1 Stell dir vor, du würdest das Weltall erforschen. Was würdest du erforschen wollen?

_____

_____

2 a) Auf einer Raumstation herrscht Schwerelosigkeit. Beschreibe, wie eine Astronautin oder ein Astronaut schläft und duscht.

_____

_____

_____

_____

b) Wie stellst du dir das Leben in Schwerelosigkeit auf der Raumfähre vor? Beschreibe es.

_____

_____

_____

_____

3 Im Weltraum wird ohne die Schwerkraft geforscht. Verbinde die Bilder mit ihrer Erklärung und Beschreibung.

| Kerzenflamme im All | Kerzenflamme auf der Erde |

| warmes Gas steigt nicht auf | warmes Gas steigt nach oben und ist sichtbar |

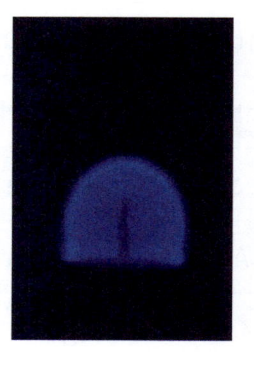

Die Arten der Wärmeübertragung

1 Verbinde die Art der Wärmeübertragung mit ihren Beispielen.

Wärmeleitung

Wärmestrahlung

Wärmeströmung

Sonnenstrahlung
warmes Duschwasser
Löffel im Teewasser
Heizungsluft
Kochtöpfe
Feuer

2 a) Stell dir vor, du stehst erst mit einem weißen T-Shirt in der Sonne und dann mit einem schwarzen T-Shirt. Was würdest du wahrnehmen?

Mit dem weißen T-Shirt, ...

_____

_____

Mit dem schwarzen T-Shirt, ...

_____

_____

b) Erkläre den Unterschied in der Wirkung des T-Shirts. Verwende die Fachbegriffe absorbiert und reflektiert.

Das weiße T-Shirt _____ die Sonnenstrahlung.

Das bedeutet, dass ein Teil der Sonnenstrahlung zurückgeworfen wird.

Das schwarze T-Shirt _____ die Sonnenstrahlung.

Das bedeutet, dass ein großer Teil der Sonnenstrahlung aufgenommen wird.

3 Du machst dir eine Tiefkühlpizza im Backofen warm. Beschreibe, wie die Wärmeübertragung im Backofen funktioniert. Benutze dabei folgende Begriffe:

> der warme Backofen • hohe innere Energie • Wärmestrom
> • Pizza wird erwärmt • innere Energie steigt

_____

_____

_____

_____

Wärmetransporte und ihre Beeinflussung

Die Wärmespeicherung und die Wärmedämmung

1 a) Im Sommer ist oft schönes Wetter.
Trage die Temperaturen in den Temperaturverlauf des Tages ein.

28 °C • 15 °C • 23 °C • 16 °C • 21 °C • 19 °C

Temperaturverlauf an einem Sommertag						
Uhrzeit	8:00 Uhr	11:00 Uhr	14:00 Uhr	17:00 Uhr	21:00 Uhr	0:00 Uhr
Temperatur						

b) Gehwegplatten erwärmen sich im Lauf des Tages durch die Wärmestrahlung. Beschreibe, zu welcher Tageszeit die Platten am kältesten und wann sie am wärmsten sind.

Die Steinplatten sind _____ am kältesten.

Die Steinplatten sind _____ am wärmsten.

2 a) Wenn du Bauschmerzen hast, kann eine Wärmflasche helfen. Beschreibe, wie du eine Wärmflasche benutzt.

_____
_____
_____

b) Begründe, warum Wasser für eine Wärmflasche besser geeignet ist als Sand.

bleibt lange warm • speichert Wärme schlecht • schnell heiß • guter Wärmespeicher

_____
_____
_____

3 Dämmstoffe setzen dem Wärmestrom einen Widerstand entgegen. Kreuze an, wovon der thermische Widerstand eines Dämmstoffes abhängt.

☐ von der Stärke des Dämmstoffes   ☐ von der Gestalt des Dämmstoffes

☐ von der Farbe des Dämmstoffes   ☐ von der Art des Dämmstoffes

Die Bereitstellung von Wärme

1 Bringe die Wörter zur Funktion von Sonnenkollektoren in die richtige Reihenfolge.

| fließt • In der • Wasser. • Rohrleitung |

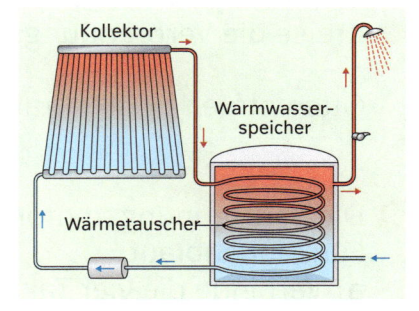

_____

| das Wasser • Im Kollektor • auf. • die Wärme • nimmt • der Sonne |

_____

| seine Wärme • Im Wärmetauscher • gibt • an das kühlere Wasser • ab. • das warme Wasser • im Wasserspeicher |

_____

_____

| genutzt • warme Wasser • Das • im Haus • kann • werden. |

_____

2 Kreuze den Vorteil eines Brennwertkessels an.

☐ Ein Brennwertkessel kann die Energie des Brennstoffes fast vollständig ausnutzen.

☐ Ein Brennwertkessel verbraucht wenig Wasser und spart dadurch Kosten.

3 Verbinde die Funktionsteile der Wärmepumpe mit der richtigen Erklärung.

äußerer Wärmetauscher	Hier wird die Wärme an den Heizkreislauf abgegeben. Das Kältemittel kühlt dabei ab.
Kompressor	Hier nimmt das Kältemittel Wärme über die Umgebungsluft auf. Es siedet und wird gasförmig.
innerer Wärmetauscher	Er verdichtet den Dampf. Dabei steigt die Temperatur des Dampfes.
Expansionsventil	Das gasförmige Kältemittel dehnt sich aus und kühlt dabei so weit ab, dass es wieder flüssig wird.

Wärmetransporte und ihre Beeinflussung

Verbrennungsmotoren sind Wärmekraftmaschinen

1 Kreise die Verbrennungsmotoren ein, die es uns ermöglichen, Auto zu fahren.

Ottomotoren   Kraftmotoren   Annamotoren   Dieselmotoren

2 Die Verbrennungsmotoren als Wärmekraftmaschinen haben einen festgelegten Funktionsablauf.

a) Verbinde die vier Takte des Ottomotors mit der jeweils richtigen Erklärung.

1. Takt: Das Ansaugen	• Beide Ventile sind geschlossen. • Die Zündkerze entzündet mit einem elektrischen Funken das verdichtete Gemisch. • Der Kolben wird nach unten gedrückt und übt Kraft aus.
2. Takt: Das Verdichten	• Das Einlassventil ist offen, das Auslassventil ist geschlossen. • Der Kolben bewegt sich nach unten und saugt ein Benzin-Luft-Gemisch an.
3. Takt: Das Arbeiten	• Das Auslassventil wird geöffnet. • Der Kolben drückt die Verbrennungsgase aus dem Zylinder.
4. Takt: Das Ausstoßen	• Beide Ventile sind geschlossen. • Der Kolben bewegt sich nach oben und verdichtet das Gemisch.

b) Verbinde die vier Takte des Dieselmotors mit der jeweils richtigen Erklärung.

1. Takt: Das Ansaugen	• Beide Ventile sind geschlossen. • Der Kolben bewegt sich nach oben und verdichtet die Luft.
2. Takt: Das Verdichten	• Das Auslassventil wird geöffnet. • Die Verbrennungsrückstände werden als Abgase aus dem Zylinder gedrückt.
3. Takt: Das Arbeiten	• Das Einlassventil ist offen, das Auslassventil ist geschlossen. • Die Luft wird angesaugt.
4. Takt: Das Ausstoßen	• Beide Ventile sind geschlossen. • Der Dieselkraftstoff wird in die verdichtete Luft gespritzt. Er entzündet sich. • Der Kolben wird nach unten gedrückt und übt Kraft aus.

3 Der Ottomotor und der Dieselmotor unterscheiden sich in wichtigen Punkten. Markiere die Eigenschaften des Ottomotors gelb und die des Dieselmotors blau.

saugt Luft-Benzin-Gemisch an   Gemisch wird verdichtet

Luft wird verdichtet   Zündung durch elektrischen Funken

Verbrennung durch Einsprühen von Diesel   saugt Luft an

Wärmetransporte und ihre Beeinflussung 63

Elektromotoren ersetzen Verbrennungsmotoren

1 a) Benenne die beiden Arten eines Fahrzeugs mit Hybridantrieb.

_____

b) Beschreibe beide Arten mithilfe der Wortschatzhilfen.

_____

_____

_____

_____

_____

_____

_____

_____

_____

Wortschatzhilfen:
Mildhybrid:
- unterstützt beim Anfahren
- niedriges Fahrtempo
- Stadtverkehr
- Kraftstoff
- Abgasmenge

Vollhybrid:
- Antrieb alleine
- Energie Generator
- kann Strecken ohne Verbrennungsmotor fahren
- Umwelt

2 Kreuze die richtige Erklärung für den Begriff Plug-in-Hybrid an.

☐ Der Akku des Fahrzeuges muss an einer 230 V-Steckdose aufgeladen werden.

☐ Der Akku des Fahrzeuges kann an einer Ladesäule aufgeladen werden.

☐ Der Akku des Fahrzeuges lädt sich selbst auf.

3 Vergleiche das Hybridauto mit dem Elektroauto. Trage in die Tabelle Kreuze ein.

	Hybridauto	Elektroauto
Verbrennungsmotor und Elektromotor		
nur Elektromotor		
nur Batterie		
Kraftstofftank und Batterie		
Getriebe		
weniger Bauteile		

Gesetzmäßigkeiten im elektrischen Stromkreis

Die elektrische Stromstärke

1 a) Verbinde die Stromstärke in A (Ampere) mit der richtigen Stromstärke in mA (Milliampere).

> **Name:** elektrische Stromstärke
> **Formelzeichen:** I
> **Einheit:** A (Ampere)
> **Weitere Einheiten:**
> 1 A = 1000 mA (Milliampere)
> 1 mA = 0,001 A

| 3 A | 0,25 A | 0,04 A |

| 250 mA | 40 mA | 400 mA | 3000 mA | 2500 mA |

b) Verbinde die Stromstärke in mA (Milliampere) mit der richtigen Stromstärke in A (Ampere).

| 1200 mA | 250 mA | 30 mA |

| 0,03 A | 0,3 A | 2500 A | 1,2 A | 12 A | 0,25 A |

2 Ein Stromstärkemessgerät kann an jeder Stelle vom Stromkreis eingebaut werden. Kreuze die Begründung dafür an.

☐ Das Stromstärkemessgerät ist sehr flexibel.

☐ Der Elektronenstrom ist überall gleich stark.

☐ Das Stromstärkemessgerät misst automatisch immer an der Stelle, wo die meisten Elektronen sind.

3 a) An einer Verkehrsmessanlage werden an einem Tag 2880 Fahrzeuge gemessen. Berechne den Verkehrsstrom für eine Stunde. Bedenke: 1 Tag hat 24 Stunden.
Rechnung: Gesamtzahl der Autos: 2880

_____

b) Berechne den Verkehrsstrom für eine Minute. Bedenke: 1 Stunde hat 60 Minuten
Rechnung: Autos innerhalb einer Stunde: 120

_____

c) Entsprechen die Ergebnisse immer genau der Anzahl der Autos, die pro Stunde/Minute auf der Fahrbahn sind?

☐ Ja, es sind immer gleich viele Autos da.

☐ Nein, es sind mal mehr, mal weniger Autos da.

Gesetzmäßigkeiten im elektrischen Stromkreis

Die Stromstärke und die Spannung in Schaltungen

1 a) In einer Reihenschaltung mit zwei baugleichen Lampen wird an der einen Lampe eine Spannung von 4 V gemessen und eine Stromstärke von 1 A.
Wie hoch ist die Gesamtspannung?

Rechnung: 4 V + _____ = _____

Wie hoch ist die Stromstärke? _____

b) Welche Spannung hat die zweite Lampe? _____

Welche Stromstärke hat die zweite Lampe? _____

> **Tipp:**
> In einer **Reihenschaltung** teilen sich die Lampen die **Gesamtspannung**.
> $U_{ges} = U_1 + U_2$
> In einer **Reihenschaltung** ist die **Stromstärke überall gleich**.
> $I_{ges} = I_1 = I_2$

2 Bei einer Parallelschaltung sind zwei baugleiche Lampen angeschlossen.
Die Gesamtspannung U_{ges} ist 6 V.
Die Gesamtstromstärke I_{ges} beträgt 0,5 A.

Wie hoch ist die Spannung für jede Lampe?

_____

Wie hoch ist die Stromstärke an jeder Lampe?

Rechnung: 0,5 A : 2 = _____

Antwort: _____

> **Tipp:**
> In einer **Parallelschaltung** haben **alle Lampen** die **gleiche Spannung**.
> $U_{ges} = U_1 = U_2$
> In einer **Parallelschaltung** **teilen sich** die Lampen die **Stromstärke**.
> $I_{ges} = I_1 + I_2$

3 a) In einer Parallelschaltung mit zwei verschiedenen Lampen beträgt I_{ges} = 4,85 A und I_2 = 3,15 A. Berechne die Stromstärke I_1 an der Lampe 1.

Rechnung: $I_{ges} - I_2 = I_1$

I_1 = _____

Antwort: _____

b) In einer Reihenschaltung mit drei baugleichen Lampen beträgt U_3 = 1,5 V.
Gib die Gesamtspannung an.

Es gilt: $U_3 = U_1$ und $U_3 = U_2$

Rechnung: $U_{ges} = U_1 + U_2 + U_3$

U_{ges} = _____

Antwort: _____

Gesetzmäßigkeiten im elektrischen Stromkreis

Das ohmsche Gesetz und der elektrische Widerstand

1 Setze die Begriffe in die passenden Lücken ein.

> gleicher • Spannung • verdoppelt • E-Quelle • proportional
> • konstant • Stromstärke

Verändert man an einer _____ die _____, dann verändert sich auch die _____. Stromstärke und Spannung verhalten sich _____ zueinander. Das bedeutet, dass bei einer Erhöhung der Spannung, der Wert der Stromstärke genau gleich ansteigt. Verdoppelt man die Spannung, _____ sich auch die Stromstärke. Die Gleichung des ohmschen Gesetzes ist: $\frac{I}{U}$ = _____. Dividiert man die Stromstärke durch die Spannung kommt immer ein _____ Wert heraus.

2 a) Auf der Abbildung kannst du erkennen, dass der Graph für den Konstantandraht anders verläuft als für die anderen Metalle.
Kreuze an, was auf den Verlauf zutrifft.

☐ Der Graph beginnt am Nullpunkt.

☐ Der Graph beginnt nicht am Nullpunkt.

☐ Der Graph beschreibt eine Gerade.

☐ Der Graph beschreibt eine Kurve.

☐ Der Graph zeigt, dass die Stromstärke und die Spannung proportional zueinander sind.

b) Das ohmsche Gesetz gilt für den Konstantandraht. Kreuze die Gründe an.

☐ Stromstärke und Spannung sind proportional zueinander.

☐ Der Konstantandraht ist der schlechteste elektrische Leiter.

☐ Stromstärke dividiert durch Spannung sind immer konstant.

3 Im Diagramm in Aufgabe 2a) ist zu erkennen, dass bei Aluminium, Kupfer und Eisen die Stromstärke nicht gleichbleibend zunimmt. Trifft auf diese Metalle auch das ohmsche Gesetz zu? Kreuze an.

☐ Nein, teilt man Stromstärke durch Spannung, erhält man keinen konstanten Wert.

☐ Ja, teilt man Stromstärke durch Spannung, erhält man einen konstanten Wert.

Gesetzmäßigkeiten im elektrischen Stromkreis 67

Die Abhängigkeit des elektrischen Widerstandes

1. Jeder Leiter hat einen elektrischen Widerstand. Er beeinflusst den Elektronenstrom. Ergänze die Lücken.

   Je höher der elektrische Widerstand ist, _____

   ist der Elektronenstrom.

   Je geringer der elektrische Widerstand ist, _____

   ist der Elektronenstrom.

   Bei Konstantan bleibt der elektrische Widerstand _____.

2. a) Der Widerstand eines Leiters ist abhängig von verschiedenen Materialgrößen. Ergänze die beiden Sätze.

   Je länger ein Leiter ist, _____.

   Je größer die Querschnittsfläche eines Leiters ist, _____
   _____.

   b) Zähle auf, wovon der elektrische Widerstand eines metallischen Leiters abhängig ist.

   _____

3. Die Temperatur eines Leiters beeinflusst den Elektronenstrom. Beantworte die Fragen.
   Die Abbildung und der Text im Buch helfen dir dabei.
   Was verändert sich bei den Atomrümpfen im warmen Zustand?

   _____
   _____

   Was passiert dadurch mit den Elektronen?

   _____
   _____

   Wird die Bewegung der Elektronen gebremst oder beschleunigt?

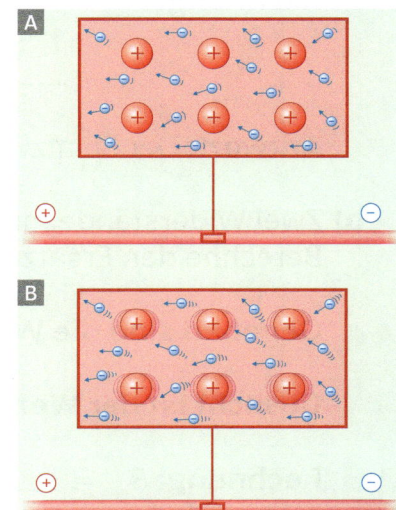

   _____

Gesetzmäßigkeiten im elektrischen Stromkreis

Die Widerstände in Schaltungen

1 Das Wort Widerstand hat eine doppelte Bedeutung für den Stromkreis. Kreuze beide Eigenschaften an.

☐ Widerstand bezeichnet die Festigkeit von Leitern.

☐ Widerstand bezeichnet die Eigenschaft eines elektrischen Leiters.

☐ Widerstand bezeichnet die Biegsamkeit von Leitern.

☐ Widerstand bezeichnet Bauteile.

2 Zeichne den Schaltplan für eine Reihenschaltung mit drei Widerständen und einem Messgerät zum Messen des Gesamtwiderstandes. Das Buch hilft dir dabei.

Diese Schaltzeichen brauchst du dafür:

3 a) Zwei Widerstände mit 200 Ω und 3000 Ω sind in Reihe geschaltet. Berechne den Ersatzwiderstand mit der Formel $R_{ges} = R_1 + R_2$.

Gegeben sind die Werte: die Widerstände $R_1 = 200\ \Omega$, $R_2 = 3000\ \Omega$

Gesucht ist der Wert: der Ersatzwiderstand R_{Ersatz} in der Einheit Ω (Ohm)

Rechnung: $R_{ges} = R_1 + R_2$

$R_{ges} = $ _____ $= R_{Ersatz}$

Antwort: Der Ersatzwiderstand beträgt _____ .

b) Zwei Widerstände mit 27 Ω und 80 Ω sind in Reihe geschaltet. Berechne den Ersatzwiderstand mit der Formel $R_{ges} = R_1 + R_2$.

Gegeben sind die Werte: die Widerstände $R_1 = 27\ \Omega$, $R_2 = 80\ \Omega$

Gesucht ist der Wert: der Ersatzwiderstand R_{Ersatz} in der Einheit Ω (Ohm)

Rechnung: $R_{ges} = $ _____ $= R_{Ersatz}$

Antwort: Der Ersatzwiderstand beträgt _____ .

Gesetzmäßigkeiten im elektrischen Stromkreis

Schutz vor den Gefahren im elektrischen Stromkreis

1 Trage die Begriffe in die Lücken ein.

> **Leitungen • Rückleitung • glühen • Stromstärke • schmelzen • Hinleitung**

Bei einem Kurzschluss berühren sich die _____ und

die _____ direkt. Dadurch steigt die _____ stark an

und die _____ werden zu warm. Die Leitungen fangen an zu

_____ oder können auch _____ .

> **erwärmt • Stromstärken • Stromkreis • schmilzt • parallel • addieren**

Bei einer Überlastung sind zu viele Geräte _____ an

einem _____ angeschlossen. Die _____ der Geräte

_____ sich. Die Stromstärke wird zu hoch für die Leitung. Dadurch

entsteht eine Überlastung. Die Leitung _____ sich dabei und

die Kunststoffisolierung _____ .

2 Beschreibe den Unterschied zwischen einem Kurzschluss und einer Überlastung im Stromkreis. Aufgabe 1 hilft dir dabei. Beachte, wo der Unterschied liegt.

_____

_____

_____

3 Ein Stromkreis kann durch einen Leitungsschutzschalter oder eine Schmelzsicherung gesichert sein. Verbinde die passenden Eigenschaften zu den Sicherungen.

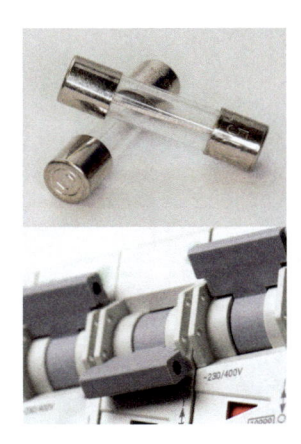

muss nach einem Kurzschluss ausgetauscht werden
Schalter wird bei bestimmter Stromstärke geöffnet
kurzes Leiterstück in Keramik oder Glashülse
muss nach Kurzschluss nicht ausgetauscht werden
nach Fehlerbehebung wird der Schalter umgelegt
schmilzt bei einer bestimmten Stromstärke

Gesetzmäßigkeiten im elektrischen Stromkreis

Die elektrische Energie und die elektrische Leistung

① Verbinde die Fachbegriffe mit den Aussagen.

| Elektronenstrom | | Menge, die in einer bestimmten Zeit durch den Leiterquerschnitt fließt. |

| Energiestrom | | Menge, die in einer bestimmten Zeit übertragen wird. |

② Im vollständig geladenen Akku eines Smartphones sind 12 Wh (Wattstunden) Energie gespeichert.
a) Wenn du das Smartphone immer im Stand-by-Betrieb lässt, ist der Akku nach 86 h (Stunden) entladen.
Berechne die Leistung mit der Formel. Setze die Werte ein.

Leistung P Energie $E = 12$ Wh   Zeit $t = 86$ h

$P = E : t \rightarrow P = $ _____ : _____ = _____

b) Jetzt möchtest du den Akku wieder laden. Er wird mit einer Leistung von 2,5 W (Watt) geladen. Wie lange dauert es, bis er vollständig geladen ist? Berechne die Zeit t mit der Formel.

Leistung $P = 2{,}5$ W   Energie $E = 12$ Wh   Zeit t

$t = E : P \rightarrow t = $ _____ : _____ = _____

③ Die Leistungsangabe von 2000 W (Watt) auf dem Typenschild vom Föhn ist nicht notwendig. Kreuze die Begründung dafür an.

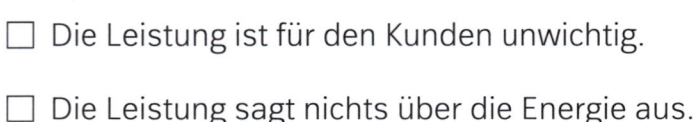

☐ Die Leistung ist für den Kunden unwichtig.

☐ Die Leistung sagt nichts über die Energie aus.

☐ Die Leistung kann man aus der Stromstärke und der Spannung errechnen.

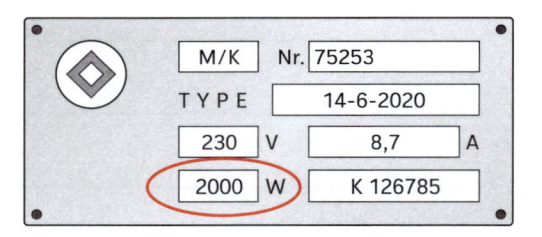

Gesetzmäßigkeiten im elektrischen Stromkreis 71

Die Energierechnung und ein Energiemanagement

1 a) Schreibe einen Tag lang auf, wann und wie du elektrische Energie nutzt. Trage es in die Tabelle ein.

b) Überlege, wie du elektrische Energie einsparen kannst.

c) Vergleiche deine Tabelle mit der Tabelle deiner Mitschülerinnen und deiner Mitschüler. Überlegt euch weitere Einsparmöglichkeiten.

Energieprotokoll		
Gerät	**Nutzungsdauer**	**Einsparmöglichkeit**
Laptop	4 Stunden im Stand-by	Laptop ausschalten, wenn er nicht gebraucht wird.

2 Berechne den Netto-Betrag deiner Energierechnung, wenn du 2500 kWh (Kilowattstunden) im Jahr nutzt. Dabei kostet 1 kWh Energie 40 Cent.

1 kWh = 40 Cent → 2500 kWh = _____

Dann musst du die Cents in Euro umrechnen. Dafür teilst du dein Ergebnis durch 100:

_____ Cent : 100 = _____

Zur genutzten Energie kommen noch der Leistungspreis und der Verrechnungspreis hinzu, die du aus der Energierechnung ablesen kannst.
        Leistungspreis = 42,83 €   Verrechnungspreis = 34,27 €

Netto-Betrag = Leistungspreis + Verrechnungspreis + genutzte Energie in Euro =

_____

Gesetzmäßigkeiten im elektrischen Stromkreis

Der Transformator

1 a) Beschrifte die Abbildung des Transformators mit den Fachbegriffen.

> Joch • u-förmiger Eisenkern • Primärspule • Sekundärspule
> • Primärstromkreis • Sekundärstromkreis • 230 V • 2,5 V

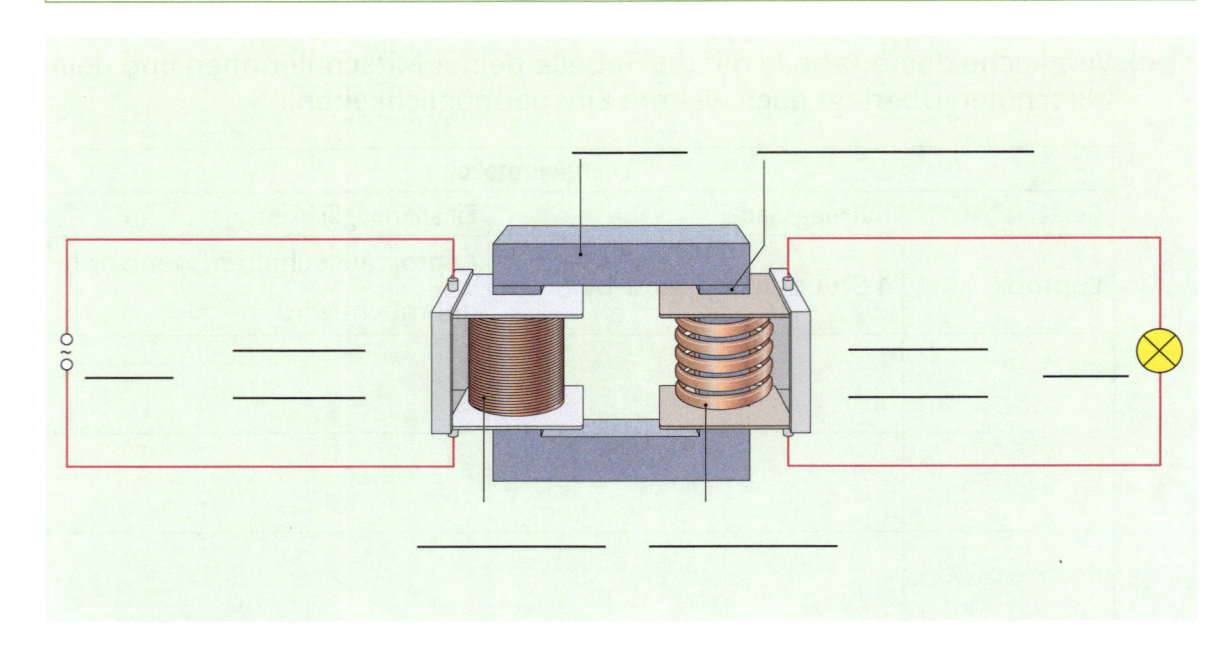

b) Beschreibe die Aufgabe eines Transformators. Benutze die Wortschatzhilfen.

_____

_____

_____

_____

_____

Wortschatzhilfen:
- Spannung im Haushaltsnetz
- 230 V
- ein Smartphone
- niedrigere Spannung
- verringert die Spannung

2 Schreibe die Trafogesetze aus deinem Buch ab.

1. Trafo-Gesetz: 2. Trafo Gesetz:

3 Ein Trafo kann nur mit Wechselspannung betrieben werden. Kreuze den Grund dafür an.

☐ Nur mit Wechselspannung entsteht ein sich ständig wechselndes Magnetfeld in der Primärspule. Dadurch ist in der Sekundärspule eine Spannung messbar.

☐ In unseren Haushaltsgeräten liegt eine Gleichspannung vor, der Transformator muss sie umwandeln.

Die Arten von Transformatoren

1 a) Kreise die drei Arten von Transformatoren (kurz: Trafo) ein.

Hochstromtrafo   Überspannungstrafo

Niederspannungstrafo   Unterstromtrafo

Wechselspannungstrafo   Hochspannungstrafo

b) Verbinde die Windungszahlen mit dem richtigen Trafo.

Niederspannungstrafo
Hochstromtrafo
Hochspannungstrafo

$n_P \ll n_S$
$n_P \gg n_S$
$n_P > n_S$

2 a) Vervollständige die Skizze des Hochstromtrafos mithilfe deines Buches. Zeichne auch einen Nagel ein, der die Ausgänge der Sekundärspule kurzschließt.

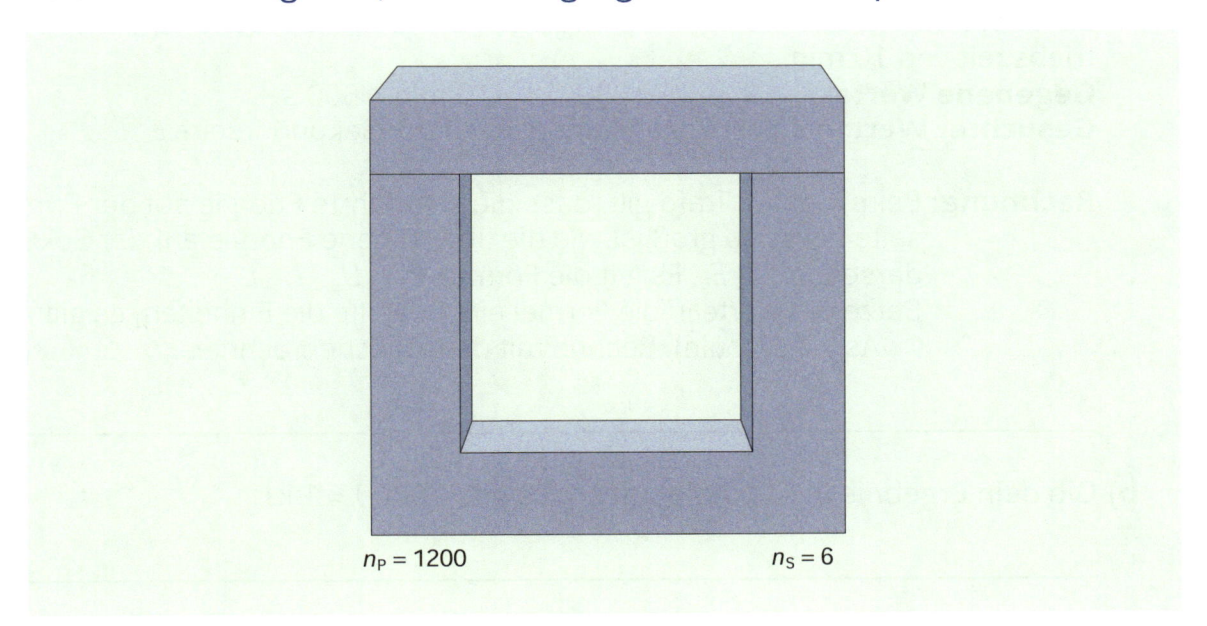

$n_P = 1200$ $n_S = 6$

b) Der Nagel in deiner Skizze verändert sich, wenn der Hochstromtrafo in Betrieb ist. Streiche die falschen Aussagen durch.

Hochstromtransformatoren verursachen im **Primärstromkreis / Sekundärstromkreis** hohe Stromstärken.

Bei hohen Stromstärken fließen sehr **viele / wenige** Elektronen durch den Nagel.

Dadurch fängt der Nagel an **zu glühen / zu rauchen.**

c) Zeichne die Veränderung des Nagels in deine obige Skizze ein.

Gesetzmäßigkeiten im elektrischen Stromkreis

Die elektrische Energie und Leistung von Transformatoren

1 Bringe die Aussagen zum Elektronenstrom und zum Energiestrom in einem Transformator in die richtige Reihenfolge.

Nummer	Elektronenstrom
	Fast die gesamte elektrische Energie der Elektronen wird umgewandelt. Es wird ein Magnetfeld aufgebaut.
	Die Elektronen fließen durch die Primärspule wieder zurück zur E-Quelle.
	Durch den Wechselstrom im Primärstromkreis wird das Magnetfeld ständig auf- und abgebaut.
	Die Elektronen fließen von der E-Quelle in die Primärspule.

Nummer	Energiestrom
	An der Lampe wird elektrische Energie in Licht und innere Energie umgewandelt.
	Ein Teil der elektrischen Energie wird in Form von innerer Energie entwertet, da der Transformator, die Leitungen und die Lampe Wärme abgeben.
	Der Energiestrom fließt von der E-Quelle bis zum Nutzer, z. B. einer Lampe.

2 a) Ein idealer Hochspannungstransformator ist an das Haushaltsnetz mit 230 V angeschlossen. Es wird auf der Primärseite eine Stromstärke von 3 A gemessen. Berechne die übertragene Energie auf der Sekundärseite bei einer Betriebszeit von 10 min.
Gegebene Werte: $I_P = 3$ A, $U_P = 230$ V, $t = 10$ min $= 600$ s
Gesuchter Wert: die übertragene Energie auf der Sekundärseite E_S

Rechnung: Beim idealen Trafo gilt, dass die zugeführte Energie auf der Primärseite genauso groß ist wie die übertragene Energie auf der Sekundärseite: $E_P = E_S$. Es gilt die Formel: $E_S = U_P \cdot I_P \cdot t$.
Setze die Werte in die Formel ein. Beachte die Einheiten, es gilt 1 VAs = 1 J (Joule). Rechne mit dem Taschenrechner.

_____

b) Gib dein Ergebnis in kJ (Kilojoule) an. Es gilt: 1000 J = 1 kJ.

_____

c) Schreibe einen Antwortsatz zur Aufgabenstellung in a).

Antwort: In 10 min überträgt _____

3 Schreibe die gesuchten Angaben vom Typenschild ab.

Primärspannung: _____

Sekundärspannung: _____

minimale Leistung: _____

maximale Leistung: _____

IK-B/IS Electronic Transformer
Modell: IK-BIS21   230 V
Input: AC230 V   50/60 Hz
Output: AC12 V   **20 W-50 W**
Ta: 40°C   Te: 50°C   cosφ: 0,98
12 V

Mechanische Energiebilanzen und Wirkungsgrade

Der Wirkungsgrad
Bei dem Perpetuum mobile hatten die Erfinder eine besondere Idee.

1 a) Beschreibe die Idee mithilfe der 1. Wortschatzhilfe.

_____

_____

_____

b) Begründe mithilfe der 2. Wortschatzhilfe, dass das nicht möglich ist.

_____

_____

_____

_____

_____

1. Wortschatzhilfe:
- Erfinder
- Gerät entwickeln
- nicht aufhört zu bewegen

2. Wortschatzhilfe:
- Gerät
- erzeugt Reibung
- Reibung entwertet zugeführte Energie
- Energieanteil zugeführt
- stehen bleiben

2 Schreibe die drei Gleichungen zum Wirkungsgrad aus dem Buch ab.

1. Gleichung: $\eta =$ 2. Gleichung: $\eta =$ 3. Gleichung: $\eta =$

3 a) Einer Bohrmaschine wird die Energie von 180 kJ zugeführt. Das ist die zugeführte Energie. 125 kJ sind für den Bohrvorgang nutzbar. Das ist die nutzbare Energie. Berechne den Wirkungsgrad.

Gegebene Werte: genutzte Energie $E_{nutz} = 125$ kJ (Kilojoule),
zugeführte Energie $E_{zu} = 180$ kJ
Gesuchter Wert: Wirkungsgrad η

Rechnung: Benutze die Formel $\eta = \dfrac{E_{nutz}}{E_{zu}}$. Beachte, dass der Wirkungsgrad keine Einheit besitzt!

Setze ein: $\eta = \dfrac{}{} =$

b) Rechne die Lösung in Prozent (%) um, indem du das Ergebnis aus a) mit 100 mal nimmst. Vervollständige den Antwortsatz.

Antwort: Der Wirkungsgrad des Bohrmaschine beträgt _____ %.

Mechanische Energiebilanzen und Wirkungsgrade

Die Durchschnittsgeschwindigkeit und die Momentangeschwindigkeit

1 Trage zu den Aussagen den passenden Begriff Durchschnittsgeschwindigkeit oder Momentangeschwindigkeit ein.

Es ist die Geschwindigkeit zu einer
bestimmten Zeit. _____

Es ist die Geschwindigkeit über eine
längere Strecke. _____

Es ist die Geschwindigkeit, die ein Körper
über eine längere Zeit im Mittelwert hat. _____

Die Geschwindigkeit ändert sich bei einer
ungleichförmigen Bewegung ständig. _____

2 Eva läuft eine Strecke von 6,1 km (Kilometer) in 27 min (Minuten).
a) Berechne Evas Durchschnittsgeschwindigkeit mit der Formel $\bar{v} = \frac{s}{t}$ in der Einheit $\frac{m}{s}$ (Meter pro Sekunde).

Gegeben sind die Werte: der Weg s = 6,1 km (Kilometer) = 6100 m (Meter)
die Zeit t = 27 min (Minuten) = 1620 s (Sekunden)
Gesucht ist der Wert: die Durchschnittsgeschwindigkeit $\bar{v}$
in der Einheit $\frac{m}{s}$ (Meter pro Sekunde)

Rechnung: Setze die Werte in die Formel ein. Benutze den Taschenrechner.

$$\bar{v} = \frac{s}{t} = \frac{\text{_____ m}}{\text{_____ s}} = \text{_____} \frac{m}{s}$$

Schreibe einen Antwortsatz zur Aufgabenstellung.

Antwort: _____

b) Berechne Evas Durchschnittsgeschwindigkeit im 1. Streckenabschnitt. Eva ist dort 2,3 km (Kilometer) in 8,3 min (Minuten) gelaufen. Benutze die gleiche Formel wie in Aufgabe a).

Gegeben sind die Werte: 2,3 km (Kilometer) = 2300 m (Meter)
8,3 min (Minuten) = 498 s (Sekunden)
Gesucht ist der Wert: die Durchschnittsgeschwindigkeit $\bar{v}$

Rechnung: Setze die Werte in die Formel ein. Benutze den Taschenrechner.

$$\bar{v} = \frac{s}{t} = \frac{\text{_____ m}}{\text{_____ s}} = \text{_____} \frac{m}{s}$$

Schreibe einen Antwortsatz zur Aufgabenstellung.

Antwort: _____

Mechanische Energiebilanzen und Wirkungsgrade

Die gleichmäßig beschleunigte Bewegung

① Eine Läuferin erreicht 4 s nach dem Start eine Geschwindigkeit von $6\,\frac{m}{s}$. Berechne ihre Beschleunigung mit der Formel $a=\frac{v}{t}$ in der Einheit $\frac{m}{s^2}$ (Meter pro Quadratsekunde).

Gegeben sind die Werte: die Geschwindigkeit $v = 6\,\frac{m}{s}$, die Zeit $t = 4$ s
Gesucht ist der Wert: die Beschleunigung a
in der Einheit $\frac{m}{s^2}$ (Meter pro Quadratsekunde)

Rechnung: Setze die Werte in die Formel ein. Benutze den Taschenrechner.

$$a = \frac{v}{t} = \frac{\underline{\qquad}\,\frac{m}{s}}{\underline{\qquad}\,s} = \underline{\qquad\qquad}\,\frac{m}{s^2}$$

Schreibe einen Antwortsatz zur Aufgabenstellung.

Antwort: _____

② Ein elektrisches Spielzeugauto wird aus dem Stand 3 s lang mit $0{,}2\,\frac{m}{s^2}$ beschleunigt. Berechne die erreichte Geschwindigkeit des Autos mit der Formel $v = a \cdot t$ in der Einheit $\frac{m}{s}$ (Meter pro Sekunde).

Gegeben sind die Werte: die Beschleunigung $a = 0{,}2\,\frac{m}{s^2}$, die Zeit $t = 3$ s
Gesucht ist der Wert: die erreichte Geschwindigkeit v
in der Einheit $\frac{m}{s}$ (Meter pro Sekunde)

Rechnung: Setze die Werte in die Formel ein. Benutze den Taschenrechner.

$v = a \cdot t =$ _____ $\frac{m}{s^2}$ · _____ s = _____ $\frac{m}{s}$

Schreibe einen Antwortsatz zur Aufgabenstellung.

Antwort: _____

③ Ein Wagen wird aus dem Stand mit $3\,\frac{m}{s^2}$ auf $12\,\frac{m}{s}$ beschleunigt. Berechne die dafür benötigte Zeit mit der Formel $t = \frac{v}{a}$ in der Einheit s (Sekunde).

Gegeben sind die Werte: die Beschleunigung $a = 3\,\frac{m}{s^2}$,
die Geschwindigkeit $v = 12\,\frac{m}{s}$
Gesucht ist der Wert: die benötigte Zeit t in der Einheit s (Sekunde)

Rechnung: Setze die Werte in die Formel ein. Benutze den Taschenrechner.

$$t = \frac{v}{a} = \frac{\underline{\qquad}\,\frac{m}{s}}{\underline{\qquad}\,\frac{m}{s^2}} = \underline{\qquad\qquad}\,s$$

Schreibe einen Antwortsatz zur Aufgabenstellung.

Antwort: _____

Mechanische Energiebilanzen und Wirkungsgrade

Die negativ beschleunigte Bewegung

1 Ein Zug bremst in $t = 30$ s von $v = 20 \frac{m}{s}$ bis zum Stillstand ab. Berechne seine negative Beschleunigung mit der Formel $a = \frac{\Delta v}{\Delta t} = \frac{v_2 - v_1}{\Delta t}$ in der Einheit $\frac{m}{s^2}$ (Meter pro Quadratsekunde).

Gegeben sind die Werte: die Geschwindigkeiten $v_1 = 20 \frac{m}{s}$ und $v_2 = 0 \frac{m}{s}$, das Zeitintervall $\Delta t = 30$ s

Gesucht ist der Wert: die negative Beschleunigung a in der Einheit $\frac{m}{s^2}$ (Meter pro Quadratsekunde)

Rechnung: Setze die Werte in die Formel ein. Benutze den Taschenrechner.

$a = \frac{\Delta v}{\Delta t} = \frac{v_2 - v_1}{\Delta t} = \frac{\frac{m}{s} \quad \frac{m}{s}}{s} = \underline{\qquad} \frac{m}{s^2} = \underline{\qquad} \frac{m}{s^2}$

Schreibe einen Antwortsatz zur Aufgabenstellung.

Antwort: _____

2 Ein Auto fährt mit $36 \frac{m}{s}$. Um einen Unfall zu verhindern, wird es mit einer Vollbremsung mit $9{,}6 \frac{m}{s^2}$ bis zum Stillstand abgebremst. Für den Bremsvorgang benötigt das Auto 5 s. Berechne den zurückgelegten Weg während des Bremsvorganges mit der Formel $s = \frac{1}{2} \cdot (-a) \cdot t^2$ in der Einheit m (Meter).

Gegeben sind die Werte: die Geschwindigkeit $v = 36 \frac{m}{s}$, die Zeit $t = 5$ s, die negative Beschleunigung $a = -9{,}6 \frac{m}{s^2}$

Gesucht ist der Wert: zurückgelegter Weg s in der Einheit m (Meter)

Rechnung: Setze die Werte in die Formel ein. Benutze den Taschenrechner. Beachte dabei, dass „Minus · Minus = Plus" ergibt.

$s = \frac{1}{2} \cdot (-a) \cdot t^2 = \frac{1}{2} \cdot [-(\underline{\qquad})] \cdot \underline{\qquad} = \underline{\qquad}$ m

Schreibe einen Antwortsatz zur Aufgabenstellung.

Antwort: _____

Mechanische Energiebilanzen und Wirkungsgrade

Reagieren, bremsen, anhalten

1 Verbinde die Fachbegriffe mit ihrer Erklärung.

Reaktionsweg	Das ist der Weg, den das Fahrzeug braucht, um beim Bremsen anzuhalten.
Bremsweg	Dieser Wert hängt vom Untergrund ab. Der Untergrund beeinflusst den Bremsweg.
Anhalteweg	Das ist der Weg, den die Fahrerin oder der Fahrer braucht, um zu reagieren.
Verzögerungswert	Das ist der gesamte Weg vom Erkennen der Gefahr bis zum Anhalten des Autos.

2 a) Nenne die Faustformel für den Sicherheitsabstand.

_____

b) Gib mithilfe der Faustformel in a) den benötigten Sicherheitsabstand bei den folgenden Geschwindigkeiten an:

60 $\frac{km}{h}$: _____

90 $\frac{km}{h}$: _____

130 $\frac{km}{h}$: _____

3 An einer Unfallstelle innerorts stellt die Polizei auf nasser Asphaltfahrbahn eine Bremsspur von 16 m fest. Berechne die Geschwindigkeit, die das Fahrzeug vor dem Bremsen hatte.

1. Schritt: Berechne die Bremszeit t mit der Formel $t = \sqrt{\frac{2 \cdot s}{a}}$.
Gegeben sind die Werte: der Weg $s = 16$ m, der Verzögerungswert $a = 6 \frac{m}{s^2}$
Gesucht ist der Wert: die Bremszeit t in der Einheit s (Sekunde)

Rechnung: Setze die Werte in die Formel ein. Benutze den Taschenrechner.

$$t = \sqrt{\frac{2 \cdot \rule{1cm}{0.15mm} \, m}{\rule{1cm}{0.15mm} \, \frac{m}{s^2}}} = \sqrt{\rule{1cm}{0.15mm}} \text{ s} = \rule{1cm}{0.15mm} \text{ s}$$

2. Schritt: Berechne die Geschwindigkeit v mit der Formel $v = a \cdot t$.
Gegeben sind die Werte: der Verzögerungswert $a = 6 = \frac{m}{s^2}$,
die Bremszeit t aus Schritt 1: $t = $ _____ s
Gesucht ist der Wert: die Geschwindigkeit v in der Einheit $\frac{m}{s}$ (Meter pro Sekunde)

Rechnung: Setze die Werte in die Formel ein. Benutze den Taschenrechner.

$v = $ _____ $\frac{m}{s^2}$ · _____ s = _____ $\frac{m}{s}$

3. Schritt: Rechne den Wert in $\frac{km}{h}$ um, indem du ihn mit 3,6 mal nimmst.

$v = $ _____ · 3,6 = _____ $\frac{km}{h}$

Antwort: Die Geschwindigkeit des Autos betrug vor dem Bremsen _____ $\frac{km}{h}$.

Mechanische Energiebilanzen und Wirkungsgrade

NEWTON erklärt einen Fallschirmsprung

1 a) Kreise die drei newtonschen Gesetze ein.

Kraftgesetz Massegesetz Trägheitsgesetz

Wechselwirkungsprinzip Druckgesetz Schwerkraftprinzip

b) Schreibe das passende newtonsche Gesetz unter die Alltagssituation.

_____   _____   _____

c) Verbinde das Gesetz mit seiner Erklärung.

Trägheitsgesetz	Wirkt von einem Körper eine Kraft auf einen anderen Körper, so wirkt von diesem Körper immer eine gleich große Kraft entgegengesetzt zurück.
Kraftgesetz	Wirkt auf einen Körper mit der Masse m eine Kraft F, so wird der Körper in Richtung dieser Kraft beschleunigt.
Wechselwirkungs-prinzip	Aufgrund seiner Trägheit bleibt ein Körper in Ruhe oder bewegt sich geradlinig gleichförmig, solange keine resultierende Kraft auf ihn einwirkt. Er ändert seinen Bewegungszustand nicht.

2 Trage die wirkenden Kräfte als Pfeile an den Äpfeln ein.

a) Hängt ein Apfel am Baum, so gilt das Trägheitsgesetz. Auf den Apfel wirken seine Gewichtskraft und die Haltekraft. Beide Kräfte sind gleich groß und entgegengesetzt gerichtet.

b) Fällt der Apfel vom Baum herunter, so gilt das Kraftgesetz. Die Erdanziehungskraft wirkt auf den Apfel und beschleunigt ihn in Richtung Erdmittelpunkt. Die kleinere Reibungskraft wirkt entgegengesetzt nach oben.

Mechanische Energiebilanzen und Wirkungsgrade

Die potenzielle Energie und die kinetische Energie

1 An einem Baum hängt in einer Höhe von 2 m ein 80 g schwerer Apfel. Er fällt ab und erreicht in kurzer Zeit eine Geschwindigkeit von 6 $\frac{m}{s}$.

a) Berechne die potenzielle Energie des hängenden Apfels mit der Formel $E_{pot} = m \cdot g \cdot h$ in der Einheit $\frac{kg \cdot m^2}{s^2}$ = Nm (Newtonmeter).

Gegeben sind die Werte: die Masse des Apfels m = 80 g = 0,080 kg,
die Fallbeschleunigung g = 9,81 $\frac{m}{s^2}$, die Höhe h = 2 m

Gesucht ist der Wert: die potenzielle Energie des hängenden Apfels E_{pot}
in der Einheit Nm (Newtonmeter)

Rechnung: Setze die Werte in die Formel ein. Benutze den Taschenrechner.

$E_{pot} = m \cdot g \cdot h$ = _____

Schreibe einen Antwortsatz zur Aufgabenstellung.

Antwort: _____

b) Berechne die kinetische Energie des fallenden Apfels mit der Formel $E_{kin} = \frac{1}{2} \cdot m \cdot v^2$ in der Einheit $\frac{kg \cdot m^2}{s^2}$ = Nm (Newtonmeter).

Gegeben sind die Werte: die Masse des Apfels m = 80 g = 0,080 kg,
die Geschwindigkeit des fallenden Apfels v = 6 $\frac{m}{s}$

Gesucht ist der Wert: die kinetische Energie des fallenden Apfels E_{kin}
in der Einheit Nm (Newtonmeter)

Rechnung: Setze die Werte in die Formel ein. Benutze den Taschenrechner.

$E_{kin} = \frac{1}{2} \cdot m \cdot v^2$ = _____

Schreibe einen Antwortsatz zur Aufgabenstellung.

Antwort: _____

2 Ein Tennisball hat eine Masse von 0,0576 kg. Er wird beim Aufschlag von 0 $\frac{m}{s}$ auf 72,22 $\frac{m}{s}$ beschleunigt. Berechne die kinetische Energie des Balls mit der Formel $E_{kin} = \frac{1}{2} \cdot m \cdot v^2$ in der Einheit $\frac{kg \cdot m^2}{s^2}$ = Nm (Newtonmeter) = J (Joule)

Gegeben sind die Werte: die Masse m = 0,0576 kg, die Geschwindigkeit v = 72,22 $\frac{m}{s}$

Gesucht ist der Wert: die kinetische Energie des Tennisballs E_{kin}
in der Einheit J (Joule)

Rechnung: Setze die Werte in die Formel ein. Benutze den Taschenrechner.

_____

Antwort: _____

Mechanische Energiebilanzen und Wirkungsgrade

Die Energieerhaltung und der Wirkungsgrad

1 Der Wagenzug einer Achterbahn wird auf den höchsten Punkt gezogen. Oben wird er ausgeklinkt. Jetzt rast er bergab. Danach wieder bergauf.

a) Kreuze alle auftretenden Energieformen an.

☐ äußere Energie   ☐ innere Energie   ☐ elektrische Energie

☐ hohe Energie   ☐ kinetische Energie   ☐ potenzielle Energie

b) Trage die Fachbegriffe in das Energieflussdiagramm für die Achterbahnfahrt ein.

E_i (3x) • Wärme (3x) • Schall (3x) • E_{el} • E_{pot} (2x) • E_{kin}

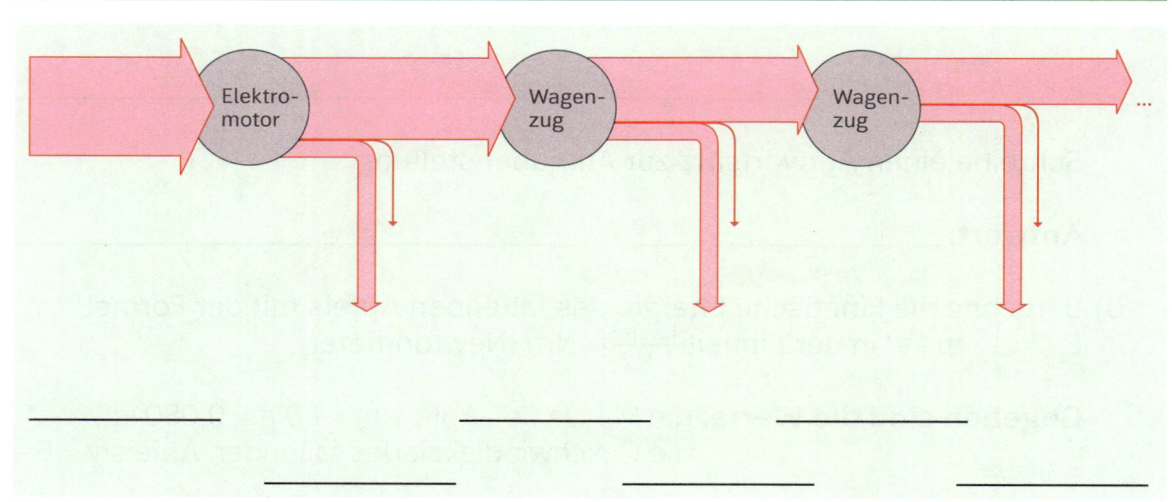

c) Die folgenden Begriffe beschreiben den Ort des Wagenzuges auf der Achterbahn. Ordne dem Energieflussdiagramm in b) die Begriffe zu und schreibe sie an der richtigen Stelle darunter.

Tiefpunkt • Abwärtsfahrt • Startpunkt • Hochpunkt • Aufwärtsfahrt (2x)

2 Der Energieerhaltungssatz für die Achterbahnfahrt lautet:
Die Summe aus der jeweils momentanen kinetischen, potenziellen und inneren Energie ist während einer Achterbahnfahrt immer gleich groß.
Nenne hierfür die Formel. Hilfe findest du im Buch.

_____

3 Eine Achterbahnfahrt endet immer nach mehreren Bergab- und Bergauffahrten. Die Bahn kann nicht endlos weiterfahren.
Kreuze die Erklärung hierfür an.

☐ Die Menschen in der Bahn vertragen nicht so viele Fahrten.

☐ Der Wagenzug würde immer schneller werden und dann umkippen.

☐ Bei der Fahrt wird Energie als innere Energie entwertet und in Form von Wärme abgegeben. Die Bahn hat dann nicht mehr genug Energie, um weiterzufahren.

Elektrische Energiebilanzen und Wirkungsgrade

Wärmekraftwerke als nicht gekoppelte Systeme

1 a) Trage in die Abbildung die Zahlen zum Kohlekraftwerk ein.

① Kohle
② Kohlemühle
③ Dampferzeuger
④ Kühlturm
⑤ Turbinen
⑥ Generator
⑦ Transformator

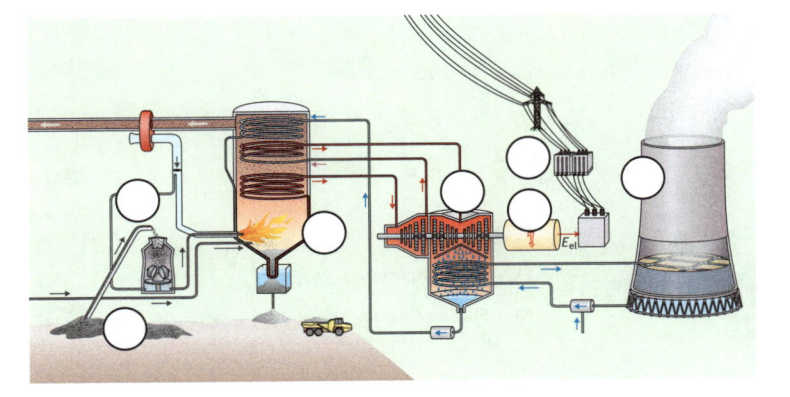

b) Bringe den Funktionsablauf zum Kohlekraftwerk in die richtige Reihenfolge.

Nummer	Vorgang
	Bei der Verbrennung entsteht Wärme. Die Verbrennungswärme geht auf den Dampferzeuger über.
	Im Generator erfolgt die Umwandlung in elektrische Energie.
	Die fein gemahlene Kohle wird in einem Kessel verbrannt.
	Aus dem Dampferzeuger wird der heiße Dampf zu Turbinen geleitet.
	Die Kohle wird in der Kohlemühle fein gemahlen.
	Die Turbinen treiben den Generator an.
	Die elektrische Energie wird über Transformatoren ins Energienetz geleitet.

2 a) Trage in die Abbildung die Zahlen zum Gasturbinenkraftwerk ein.

① Gasturbine
② Dampferzeuger
③ Kondensator
④ Generator (2x)
⑤ Verdichterturbine
⑥ Dampfturbine

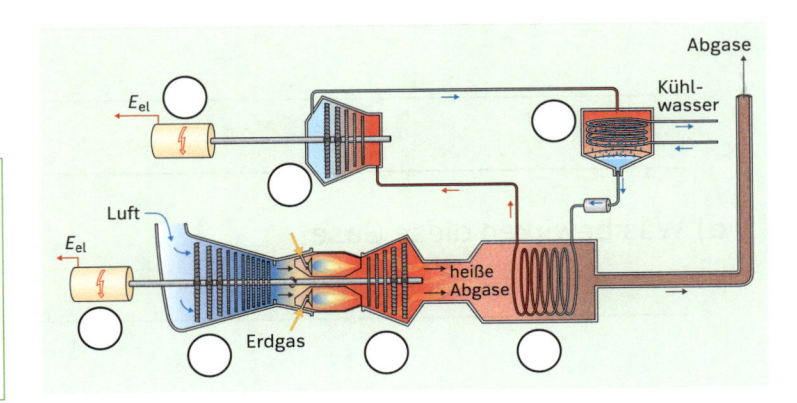

b) Bringe den Funktionsablauf zum Gasturbinenkraftwerk in die richtige Reihenfolge.

Nummer	Vorgang
	Die heißen Gase strömen zur Gasturbine und versetzen sie in Drehung. Der 1. Generator wird angetrieben und stellt elektrische Energie bereit.
	Die verdichtete, heiße Luft wird in die Brennkammer geleitet. Das dort zugeführte Erdgas entzündet sich.
	Der heiße Dampf wird auf eine Dampfturbine geleitet. Sie dreht einen 2. Generator, der weitere elektrische Energie bereitstellt.
	Die heißen Abgase der Gasturbine gehen in einen Dampferzeuger.
	In der Verdichterturbine wird Luft verdichtet. Die Temperatur erhöht sich.

Elektrische Energiebilanzen und Wirkungsgrade

Die Folgen der Verbrennung fossiler Stoffe

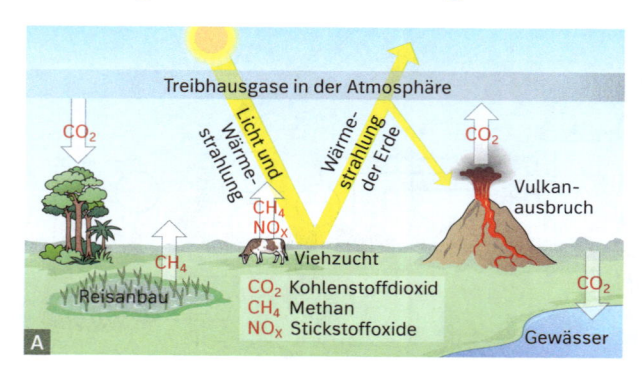

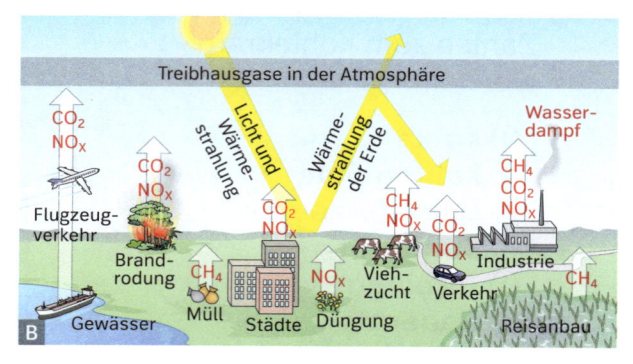

1 Beantworte die Fragen zum Treibhauseffekt mit den Abbildungen und dem Buch.
   a) Wie heißen die Gase, die beim Treibhauseffekt wirken?
   _____
   _____

   b) Wodurch werden die Gase beim natürlichen Treibhauseffekt freigesetzt.
   _____
   _____

   c) Wodurch werden beim zusätzlich vom Menschen verursachten (anthropogenen) Treibhauseffekt mehr Gase freigesetzt?
   _____
   _____
   _____

   d) Was bewirken diese Gase?
   _____
   _____
   _____

   e) Zu viel Methan und Kohlenstoffdioxid sind für das Klima schädlich. Um wie viel Prozent ist der Kohlenstoffdioxidanteil in der Atmosphäre von 1850 bis 2020 gestiegen? _____

   f) Um wie viel Prozent ist der Methananteil in der Atmosphäre von 1850 bis 2020 gestiegen? _____

   g) Welches der beiden Gase aus a) und b) ist schädlicher und um wievielmal?
   _____

Elektrische Energiebilanzen und Wirkungsgrade 85

Elektrische Energie mit regenerativen Systemen

1 a) Kreise die regenerativen Kraftwerksarten ein.

Kohlekraftwerke   Windkraftanlagen

Solarkraftwerke   Wasserkraftwerke   Kernkraftwerke

b) Kreuze den Vorteil an, den regenerative Kraftwerke gegenüber Wärmekraftwerke haben.

☐ Die Energie steht immer zur Verfügung.

☐ Es wird nichts verbrannt. Sie erzeugen damit keine schädlichen Emissionen.

2 Ordne mithilfe des Buches den Zahlen in der Abbildung der Windkraftanlage die richtigen Fachbegriffe zu.

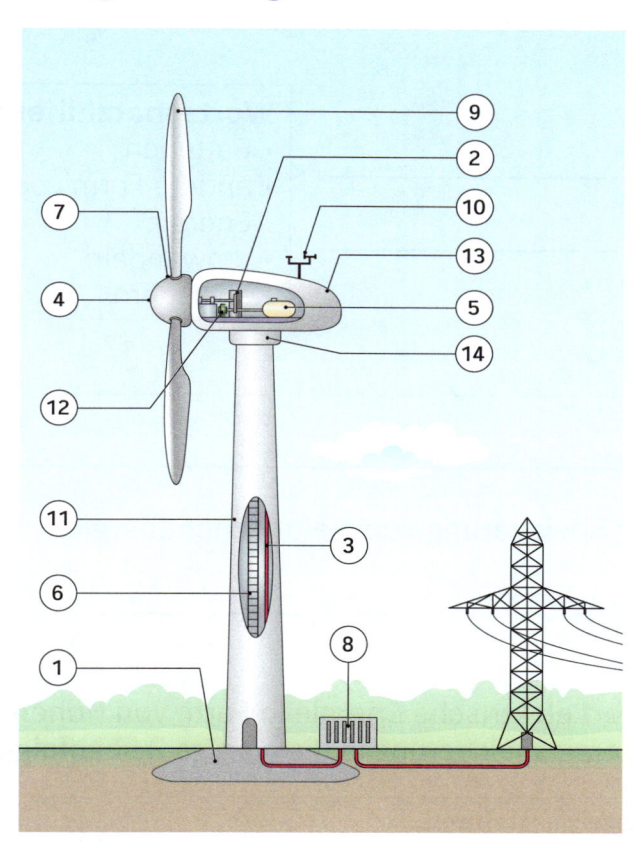

Nummer	Fachbegriff
	Aufstieg
	Turm
	Kabelführung
	Trafostation
	Bremse
	Rotornabe
	Windrichtungsnachführung
	Getriebe
	Rotorblatt
	Blattverstellung
	Generator
	Gondel
	Messinstrumente
	Fundament

3 Trage die Fachbegriffe in das Energieflussdiagramm für eine Fotovoltaikanlage ein.

innere Energie • Wärme • Licht • elektrische Energie • Solarzelle • Licht

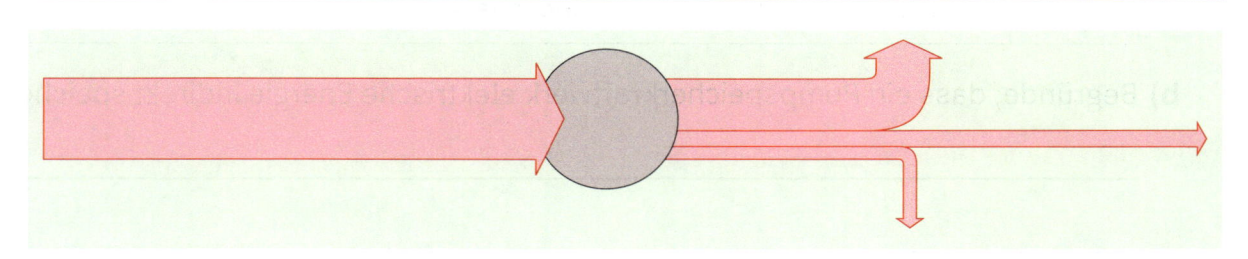

Elektrische Energiebilanzen und Wirkungsgrade

Die Speicherung elektrischer Energie

1 Eine Fotovoltaikanlage funktioniert nur bei Tageslicht. Die Energie muss gespeichert werden, damit nachts elektrische Energie zur Verfügung steht. Verbinde die Bestandteile der Fotovoltaikanlage mit ihrer Aufgabe.

Speicherbatterien (Akkus)		steuert die Aufladung der Akkus durch die Solarmodule
Laderegler		wandeln Licht in elektrische Energie um
Wechselrichter		speichern die elektrische Energie
Solarmodule		formt den Gleichstrom aus den Solarmodulen oder den Batterien in Wechselstrom um

2 a) Es gibt zwei Möglichkeiten der Speicherung von elektrischer Energie. Beschreibe die beiden Möglichkeiten. Nutze die Wortschatzhilfen.

direkte Speicherung:

_____

_____

Wortschatzhilfen:
- Batterien
- andere Form von Energie
- umwandeln
- speichern

indirekte Speicherung:

_____

_____

b) Nenne zwei indirekte Verfahren zur Speicherung von elektrischer Energie.

_____

3 a) Ein Pumpspeicherkraftwerk speichert elektrische Energie in Form von Höhenenergie. Bringe die Aussagen zur Energiespeicherung in die richtige Reihenfolge.

Nummer	Speichern von Energie im Pumpspeicherkraftwerk
	Die Höhenenergie ist im Wasser im oberen Becken gespeichert.
	Pumpen befördern mithilfe von elektrischer Energie das Wasser aus dem Unterbecken in das obere Speicherbecken.
	Die elektrische Energie wird in Höhenenergie umgewandelt.

b) Begründe, dass ein Pumpspeicherkraftwerk elektrische Energie indirekt speichert.

_____

_____

Elektrische Energiebilanzen und Wirkungsgrade

Wärmekraftwerke als gekoppelte Systeme

1 a) Kreise die Teile eines Gas- und Dampfturbinenkraftwerkes (GuD-Kraftwerk) gelb ein und die Teile eines Blockheizkraftwerkes (BHKW) blau.

Abgaswärmetauscher   Dampfturbine   Kühlwasserwärmetauscher

Kondensator   Motor   Dampferzeuger   Gasturbine

Generator   Verdichterturbine   Wärmetauscher

b) Nummeriere die vier Stufen des GuD-Kraftwerkes in der richtigen Reihenfolge.

	Der Dampf aus der Dampfturbine geht in den Kondensator. Dort kondensiert der Dampf. Die ausgekoppelte Wärme wird an das Fernwärmenetz abgegeben.
	Die Gasturbine ist der Antrieb. Hier wird Erdgas verbrannt. Die heißen Gase treiben die Turbinen an.
	Alle Turbinen befinden sich zusammen mit dem Generator auf einer Welle. Durch die Bewegungsenergie der Turbinen stellt der Generator elektrische Energie bereit.
	Die Dampfturbine unterstützt die Gasturbine. Sie arbeitet mit dem produzierten Dampf aus dem Dampferzeuger.

c) Nummeriere die Funktionsweise des BHKW in der richtigen Reihenfolge.

	Die beiden Wärmetauscher koppeln Wärme aus.
	Der Verbrennungsmotor treibt einen Generator an.
	Die Wärme kann der Heizung zugeführt werden.
	Der Generator stellt elektrische Energie bereit.

2 a) Trage die Fachbegriffe in das Energieflussdiagramm des GuD-Kraftwerkes ein.

> chemische Energie • Generator • Bewegungsenergie • Gasturbine • elektrische Energie • innere Energie (4x) • Dampfturbine • Wärme (3x)

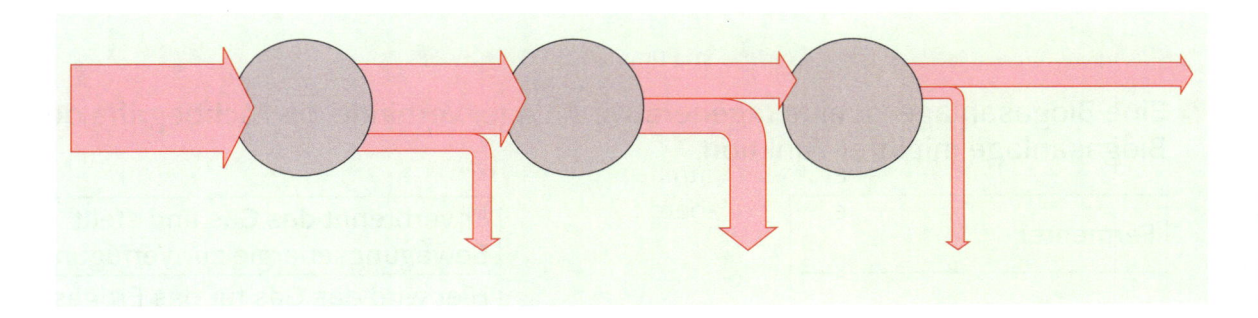

b) Kreuze an, warum die beiden Kraftwerke gekoppelte Systeme sind.

☐ Teile des Kraftwerks sind aneinandergekoppelt.

☐ Die ausgekoppelte Wärme wird genutzt.

Elektrische Energiebilanzen und Wirkungsgrade

Regenerative Anlagen als gekoppelte Systeme

1 Kreise regenerative Energieträger ein, die als Biomasse bezeichnet werden.

Benzin Holzpellets Pflanzen

Holzhackschnitzel Gülle Diesel

2 Auf der Abbildung siehst du den Aufbau eines Biomassekraftwerkes.

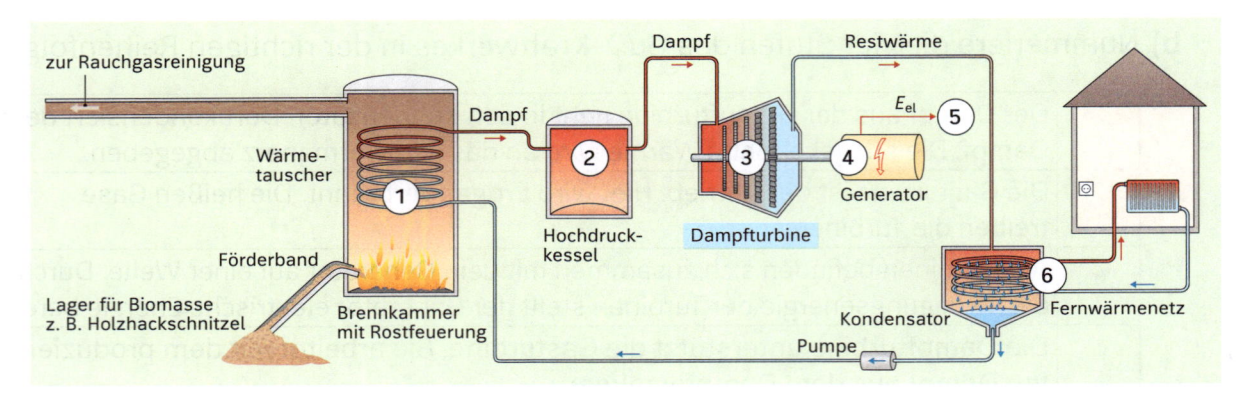

Ordne die passende Nummer aus der Abbildung der Funktion des Biomassekraftwerkes zu.

Nummer	Funktion eines Biomassekraftwerkes
	Die Dampfturbine wird mit dem Dampf aus dem Hochdruckkessel angetrieben.
	Im Kondensator wird dem Dampf die Wärme entzogen. Die ausgekoppelte Wärme wird in ein Fernwärmenetz eingespeist.
	Holzhackschnitzel werden in einem Kessel mit Wärmetauscher verbrannt. In dem Wärmetauscher wird das Wasser dadurch zu Wasserdampf.
	Die Dampfturbine treibt über eine Welle den Generator an.
	Der heiße Dampf aus dem Wärmetauscher wird zu einem Hochdruckkessel geleitet. Er reguliert den Druck.
	Der Generator stellt elektrische Energie zur Verfügung.

3 Eine Biogasanlage ist eine regenerative Anlage. Verbinde die Fachbegriffe der Biogasanlage mit ihrer Funktion.

Fermenter
Generator
Gasmotor
Gausaufbereitungsanlage

Er verbrennt das Gas und stellt Bewegungsenergie zur Verfügung.
Hier wird das Gas für das Erdgasnetz oder die Tankstelle aufbereitet.
Er wandelt die Bewegungsenergie des Motors in elektrische Energie um.
Hier wird Biomasse durch Bakterien in Biogas umgewandelt.

Der Transport der elektrischen Energie

1 Erkläre, dass elektrische Energie über weite Strecken übertragen werden muss, bevor sie in die Haushalte gelangt. Beachte dabei, was die verschiedenen Kraftwerkstypen brauchen, um arbeiten zu können.

_____

_____

_____

_____

2 a) Setze die Begriffe zur thermischen Leistung der Hochspannungsleitung in die richtige Lücke ein.

> **verringert • thermische Leistung • Wärme • nutzbar**

Bei der Übertragung elektrischer Energie entsteht in den Leitungen _____.

Durch die Wärme wird die Übertragung der elektrischen Energie _____.

Dieser verringerte Anteil der Leistung ist nicht mehr _____.

Dieser Anteil heißt _____.

b) Für eine Freileitung wird Aluminium benutzt, obwohl Silber und Kupfer einen kleineren Widerstand besitzen. Kreuze den Grund an.

☐ Silber und Kupfer gibt es nicht in großen Mengen.

☐ Aluminium ist günstiger als Silber und Kupfer.

3 a) Die Stromstärke in einer Hochspannungsleitung beträgt $I = 682$ A. Der Leitungswiderstand beträgt $R = 4{,}7$ Ω. Berechne die thermische Leistung P_{th}.
Gegeben sind die Werte: $I = 682$ A, $R = 4{,}7$ Ω
Gesucht ist der Wert: die thermische Leistung P_{th}
Rechnung: Setze die Werte in die Formel $P_{th} = I^2 \cdot R$ ein. Beachte die Einheiten, es gilt 1 A²Ω = 1 W (Watt). Rechne mit dem Taschenrechner.

$P_{th} = I^2 \cdot R =$ _____ A² · _____ Ω = _____ W

b) Gib dein Ergebnis zuerst in kW (Kilowatt) und dann in MW (Megawatt) an. Es gilt: 1000 W = 1 kW und 1000 kW = 1 MW. Runde das Ergebnis.

_____

c) Schreibe einen Antwortsatz zur Aufgabenstellung in a).

Antwort: _____

Elektrische Energiebilanzen und Wirkungsgrade

Die Verteilung der elektrischen Energie

1 Im Energienetz gibt es verschiedene Spannungsebenen. Verbinde die Masten mit dem richtigen Begriff und der Nutzung.

Mittel-spannungsnetz   Höchst-spannungsnetz   Nieder-spannungsnetz   Hoch-spannungsnetz

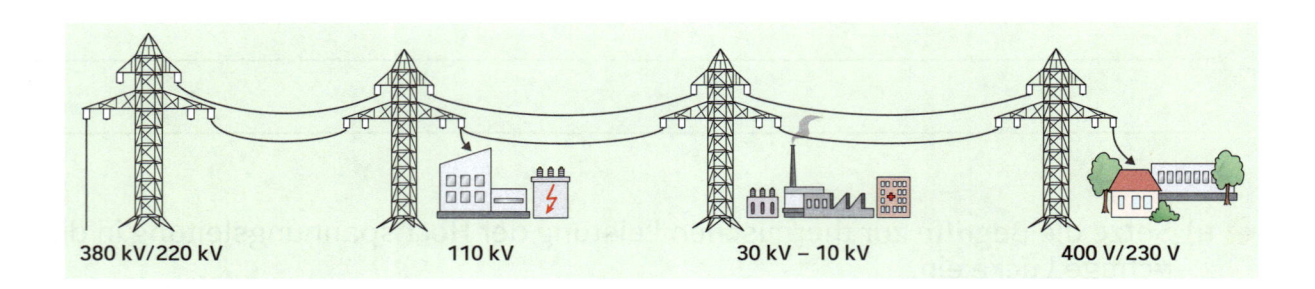

380 kV / 220 kV   110 kV   30 kV – 10 kV   400 V / 230 V

private Haushalte, kleine Industrie-betriebe, Verwaltung   europäisches Verbundnetz   Umspannwerke, große Industrie-betriebe   Trafostationen, Fabriken, Krankenhäuser

2 a) Tagsüber wird mehr Energie benötigt als nachts. Beschreibe, woran das liegt.

_____
_____
_____

b) Im Winter wird mehr Energie benötigt als im Sommer. Beschreibe, woran das liegt.

_____
_____

3 Kraftwerke sichern die Bereitstellung von elektrischer Energie rund um die Uhr. Dabei verteilt sich die Last der Energiebereitstellung auf verschiedene Kraftwerke. Verbinde die übernommene Last mit der Begründung.

Grundlast z. B. Braunkohlekraftwerk Laufwasserkraftwerk
Mittellast z. B. Windkraftwerk, Fotovoltaikanlage
Spitzenlast z. B. Gaskraftwerk, Pumpspeicherkraftwerk

- kann sehr schnell viel Energie liefern

- steht immer zur Verfügung
- kann nicht so schnell heruntergefahren werden

- regenerative Energien stehen nicht immer zur Verfügung

Elektrische Energiebilanzen und Wirkungsgrade

Die Hochspannungs-Gleichstrom-Übertragung (HGÜ)

1 Kreise die Eigenschaften der Wechselstromübertragung gelb ein und die der Gleichstromübertragung blau.

hohe thermische Leistung

niedriger Wirkungsgrad

Transportwege höchstens 200 km lang

niedrige thermische Leistung

Transport über lange Wege ist möglich

höherer Wirkungsgrad

2 Elektrische Energie kann im Hochspannungs-Gleichstrom-Übertragungsnetz mittels Gleichstrom über große Entfernungen transportiert werden.
Bringe die Aussagen in die richtige Reihenfolge. Benutze dabei die Abbildung in deinem Buch.

Nummer	Hochspannungs-Gleichstrom-Übertragungsnetz
	Ein Konverter wandelt den Gleichstrom wieder in Wechselstrom um.
	Der Generator der Windkraftanlage wandelt die Bewegungsenergie des Windes in elektrische Energie um. Die Wechselspannung wird zu einem Transformator geleitet.
	Der Wechselstrom mit einer Spannung von 150 kV wird in einen Konverter geleitet. Der Konverter wandelt den Wechselstrom in Gleichstrom um.
	Am Übergang zwischen Wechselstromtrasse und Gleichstromtrasse ändert ein Transformator die Spannung von 380 kV auf 150 kV.
	Mittels Gleichstrom kann die elektrische Energie jetzt über weite Strecken transportiert werden.
	Der Transformator erhöht die Wechselspannung vom Generator auf 380 kV. Die elektrische Energie wird in das 380 kV-Wechselspannungsnetz eingespeist und mittels Wechselstrom transportiert.
	Weitere Transformatoren verringern die Wechselspannung so weit, dass sie von Betrieben und Haushalten genutzt werden kann.
	Ein Transformator passt die Spannung des Wechselstroms von 150 kV auf 380 kV an. Die elektrische Energie wird wieder in das 380 kV-Wechselspannungsnetz eingespeist und mittels Wechselstrom transportiert.

3 Der Gleichstrom aus dem HGÜ-Netz muss wieder in Wechselstrom umgewandelt werden.
Kreuze die Erklärung dafür an.

☐ Für den Gleichstrom müssten die Menschen mehr Geld bezahlen.

☐ Die Leitungen sind nur für Wechselstrom ausgelegt.

☐ Große Haushaltsgeräte wie Kühlschrank oder Waschmaschine benötigen Wechselstrom.

Sensoren im Alltag

Das Mikrofon und der Lautsprecher

1 a) Nenne ein Gerät, das ein analoges Signal benutzt.

   Gerät mit analogem Signal: _____

b) Nenne ein Gerät, das ein digitales Signal benutzt.

   Gerät mit digitalem Signal: _____

2 Verbinde die Aussagen und Begriffe zum Aufbau von Mikrofon und Lautsprecher entsprechend.

| wandelt elektrisch analoge Signale in Schall um | | wandelt Schall in elektrisch analoge Signale um |

Sensor

Aktor

| Dauermagnet | Wechselspannung | Spule |

3 Das Mikrofon und das Innenohr gleichen sich bei der Schallübertragung. Schreibe mithilfe der Wortschatzhilfen einen Text dazu.

_____

_____

_____

_____

_____

_____

_____

Wortschatzhilfen:
- Schallwellen · Innenohr · Mikrofon
- Härchen im Innenohr · wandelt Schall · elektrische Signale
- Spule im Magnetfeld des Dauermagneten · wandelt Schall · elektrische Signale

Elektrische Leiter und Halbleiter

1 a) Beschreibe den Aufbau von metallischen Leitern mithilfe der Wortschatzhilfen.

Wortschatzhilfen:
- Atome · Gitter · fest angeordnet · freie Elektronen · frei bewegen · elektrische Leiter

_____

_____

_____

_____

b) Beschreibe den Aufbau von Halbleitern mithilfe der Wortschatzhilfen.

Wortschatzhilfen:
- Kristallgitter · Elektronen haben festen Platz · nicht frei bewegen · Nichtleiter

_____

_____

_____

_____

2 Silicium kann unter bestimmten Bedingungen zu einem elektrischen Leiter werden. Kreise die Bedingungen ein.

einfrieren   dotieren   notieren

auflösen in Wasser   erwärmen

3 a) Damit Silicium zu einem elektrischen Leiter wird, muss es dotiert werden. Schreibe unter die Abbildungen, ob eine n-Dotierung oder eine p-Dotierung durchgeführt wurde.

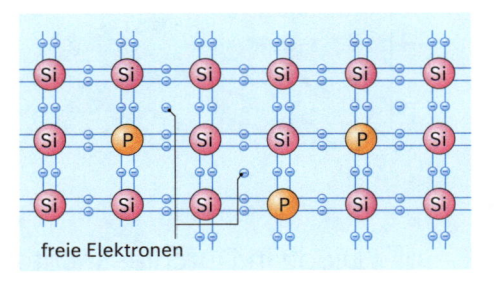

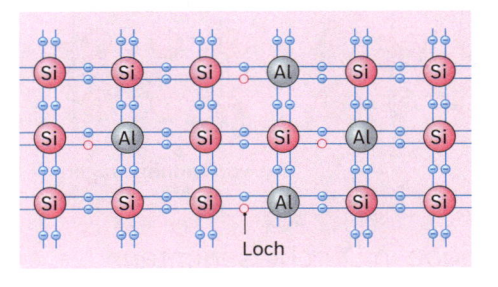

freie Elektronen   _Loch_

_____   _____

b) Beschreibe den Unterschied in der Dotierung bei den Elektronen.

_____

_____

_____

_____

Sensoren im Alltag

Die Halbleiterdiode

1 a) Kreuze die wichtigste Eigenschaft der Diode an.

☐ Der Elektronenstrom kann in beide Richtungen fließen.

☐ Der Elektronenstrom kann in eine Richtung gesperrt werden.

☐ Eine Diode leitet den elektrischen Strom am besten weiter.

b) Beschreibe, woraus eine Diode besteht.

_____

_____

_____

c) An der Diode liegt keine Spannung an. Trotzdem entsteht eine Sperrschicht an der Kontaktfläche zwischen der n-dotierten und der p-dotierten Schicht. Beschreibe, wie die Sperrschicht entsteht.

_____

_____

_____

2 a) Betrachte die Abbildung. Kreuze richtig an.

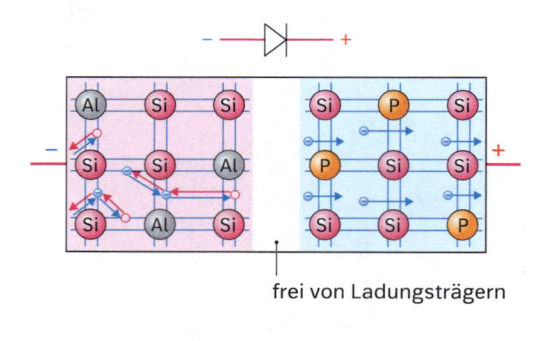

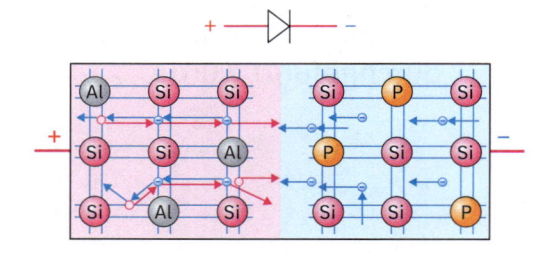

frei von Ladungsträgern

☐ Diode in Durchlassrichtung   ☐ Diode in Durchlassrichtung

☐ Diode in Sperrrichtung   ☐ Diode in Sperrrichtung

b) Streiche die falsche Aussage durch.

Bei einer Diode in Durchlassrichtung ist ein Elektronenstrom
messbar / nicht messbar.
Eine Diode ist in Durchlassrichtung geschaltet, wenn die Seite mit der n-dotierten Schicht mit dem **Minuspol / Pluspol** der elektrischen Quelle verbunden ist.
Eine Diode ist in Sperrrichtung geschaltet, wenn die Seite mit der n-dotierten Schicht mit dem **Minuspol / Pluspol** der elektrischen Quelle verbunden ist.

Die Leuchtdiode (LED)

1 a) Beschrifte den Aufbau einer Leuchtdiode (LED).

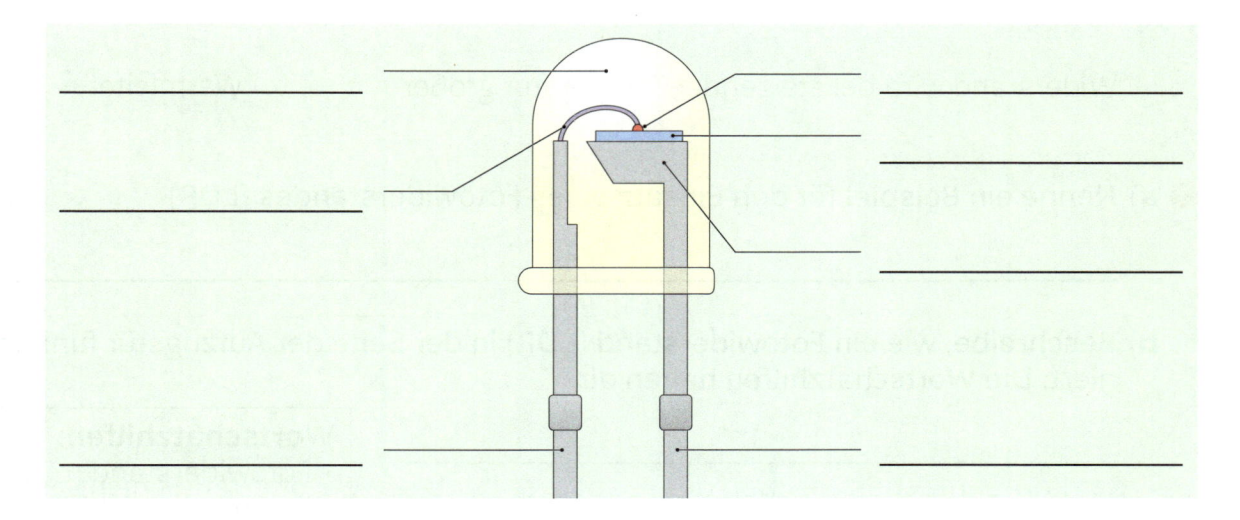

> Pluspol • Minuspol • Kunstharzlinse • Draht • Kristall
> • LED-Chip • Trägerplatte

b) Fülle den Lückentext zur Funktionsweise einer Leuchtdiode (LED) aus.

> Elektronen • Energie • Durchlassrichtung • Lichtblitze •
> Spannung • p-Schicht • Löcher

Eine LED leuchtet, wenn sie in _____ geschaltet ist. Durch die

anliegende _____ werden _____ und Löcher in die

Sperrschicht des LED-Chips getrieben. Die Elektronen besetzen die

_____ . Dabei wird _____ frei.

Der größte Teil der Energie wird in Form vieler kleiner _____ über

die dünne _____ ausgesendet.

2 Nenne zwei Anwendungen für Leuchtdioden (LED) aus deinem Alltag.

_____

3 Kreuze an, wodurch die unterschiedlichen Lichtfarben der Leuchtdioden entstehen.

☐ durch die verwendeten Halbleitermaterialien
☐ durch die unterschiedlichen Größen der LED
☐ durch die Dotierung der Schichten
☐ durch die zugeführte Energiemenge
☐ durch die veränderte, äußere Lichteinstrahlung
☐ durch die Farbe der LED-Hülle

Sensoren im Alltag

Wärmesensoren und Lichtsensoren

1 Kreise die Eigenschaften des PTC-Widerstandes gelb ein und die des NTC-Widerstandes blau ein.

Kaltleiter   Widerstand wird bei steigender Temperatur kleiner

Widerstand wird bei steigender Temperatur größer   Warmleiter

2 a) Nenne ein Beispiel für den Einsatz eines Fotowiderstandes (LDR).

_____

b) Beschreibe, wie ein Fotowiderstand (LDR) in der Seite der Aufzugstür funktioniert. Die Wortschatzhilfen helfen dir.

_____

_____

_____

_____

_____

Wortschatzhilfen:
- Fotowiderstand (LDR) beleuchtet → Widerstand des LDR wird kleiner → Tür geht zu
- Fotowiderstand (LDR) nicht beleuchtet → Widerstand des LDR ist groß → Tür bleibt offen

3 a) Nenne ein Beispiel für den Einsatz einer Fotodiode.

_____

b) Zeichne die Schaltzeichen für einen Fotowiderstand (LDR) und eine Fotodiode richtig ein.

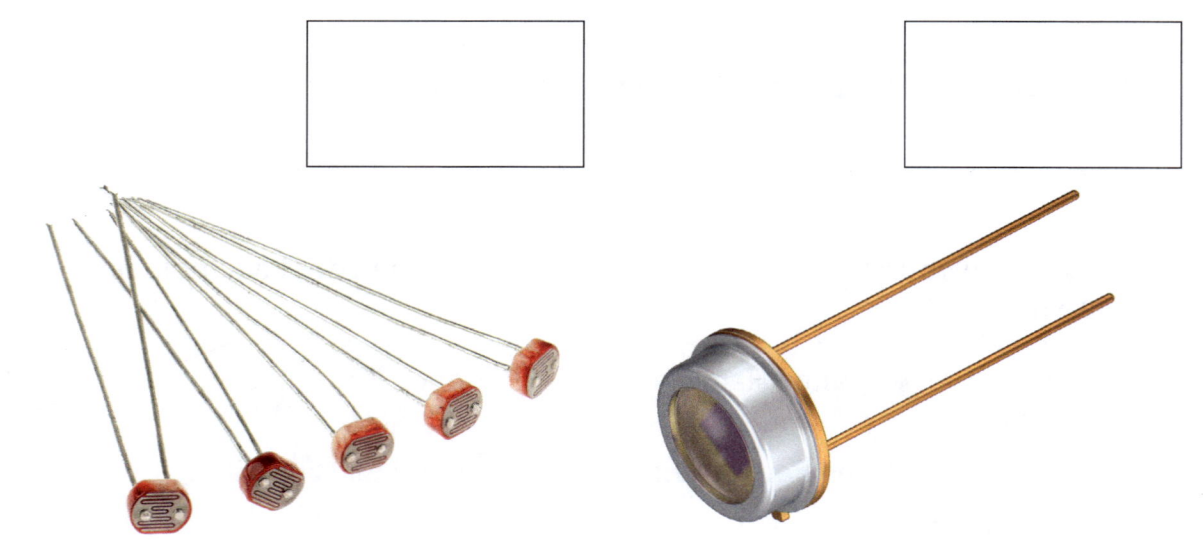

Sensoren im Alltag 97

Solarzellen – Halbleiter als Energiewandler

1 a) Beschrifte den Aufbau einer Solarzelle.

- Grenzschicht
- Aluschicht
- n-Schicht
- p-Schicht
- Metallstege
- Antireflexbelag

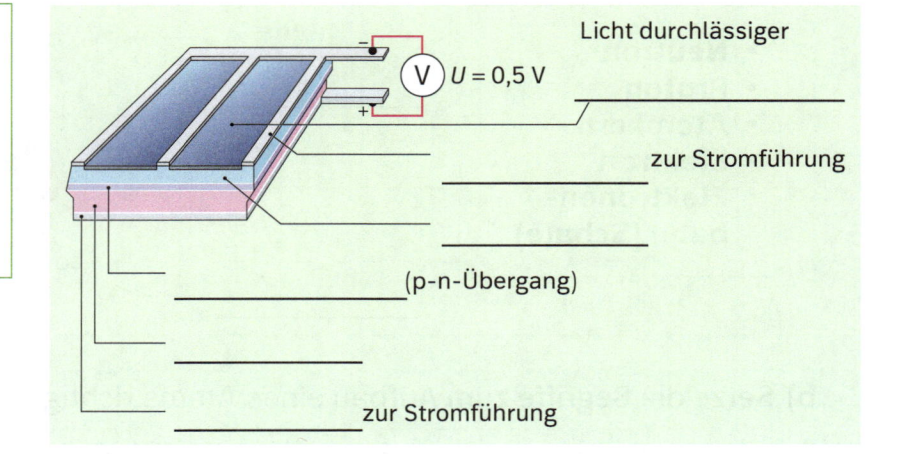

Licht durchlässiger _____

$U = 0{,}5$ V

_____ zur Stromführung

_____

_____ (p-n-Übergang)

_____

_____ zur Stromführung

b) Nenne die Kenngrößen einer Solarzelle, indem du die Fragen beantwortest.

Wie heißt die Spannung der Solarzelle? _____

Wie heißt die maximale Stromstärke der Solarzelle? _____

2 Der Maximalwert der Kurschlussstromstärke einer Solarzelle hängt von verschiedenen Faktoren ab. Streiche die falsche Aussage durch.

Der Maximalwert wird erreicht, wenn das Licht **senkrecht / waagerecht** auftritt. Je größer die Oberfläche der Zelle ist, desto **größer / kleiner** ist die Stromstärke.

3 a) Reihen- und Parallelschaltungen von Solarzellen haben unterschiedliche Auswirkungen auf die Spannung und die Stromstärke des Solarmoduls. Nenne die jeweiligen Auswirkungen.

Eine Reihenschaltung von Solarzellen _____

_____

Eine Parallelschaltung von Solarzellen _____

_____

b) Das Solarmodul gibt eine Spannung von 18 V ab. Eine Solarzelle gibt jeweils eine Spannung von 0,5 V ab. Berechne die Anzahl der Solarzellen, aus dem das Solarmodul zusammengebaut wurde.

Rechnung: Benutze den Taschenrechner.

Anzahl der Solarzellen = $\dfrac{\text{Spannung des Solarmoduls}}{\text{Spannung einer Solarzelle}} = \dfrac{\_\_\_\text{ V}}{\_\_\_\text{ V}} = \_\_\_\_\_$.

Antwort: Das Solarmodul besteht _____.

Atombau und ionisierende Strahlung

Atome enthalten elektrische Ladungen

1 a) Beschrifte das Natriumatom im Modell mit den Fachbegriffen.

- Neutron
- Proton
- Atomkern
- Elektron
- Elektronenbahn (Schale)

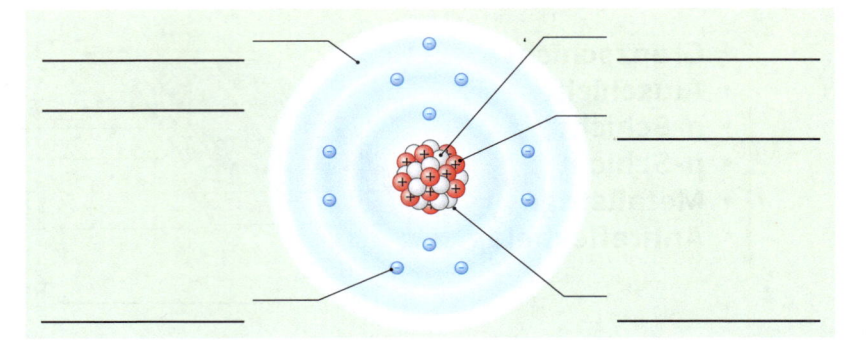

b) Setze die Begriffe zum Aufbau eines Atoms richtig in die Lücken ein.

> Elektronen • Atomhülle • Neutronen • Schalen • Atomkern • Protonen • Elementarteilchen

Ein Atom besteht aus einer _____ und einem _____ .

Die _____ die _____ bilden zusammen den Atomkern.

Die _____ bilden die Atomhülle.

Die Elektronen befinden sich auf den Umlaufbahnen, den _____ .

Neutronen, Protonen und Elektronen werden als _____ bezeichnet.

c) Gib die Ladung der Atombausteine an. Schreibe vollständige Sätze.

Protonen _____

Elektronen _____

Neutronen _____

2 Verschiedene Personen haben dazu beigetragen, das Atom mit seinen Bausteinen zu entdecken. Vervollständige die Angaben in der Übersicht. Hilfe findest du im Buch.

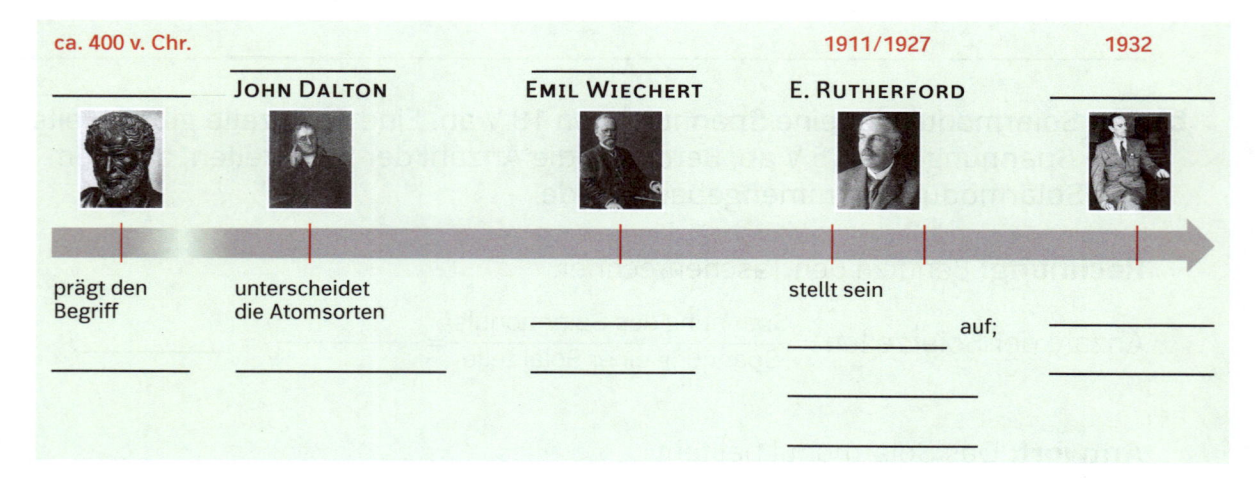

ca. 400 v. Chr.			1911/1927	1932
_____	JOHN DALTON	EMIL WIECHERT	E. RUTHERFORD	_____
prägt den Begriff _____ _____	unterscheidet die Atomsorten _____	_____	stellt sein _____ auf; _____	_____

Atombau und ionisierende Strahlung

Quelle der Radioaktivität und ihre Messung

1 a) Atome können radioaktiv sein. Setze die Begriffe richtig in die Lücken ein.

> **Kerne • stabil • radioaktiv • zerfallen**

Nicht alle Atome sind _____. Manche Atomkerne _____ mit der Zeit.

Beim Zerfallen wandeln sich die _____ um. Diese Stoffe sind _____.

b) Verbinde die drei natürlichen Ursachen für Radioaktivität mit ihrer Erklärung.

terrestrische Strahlung	• geht vom menschlichen Körper aus
kosmische Strahlung	• kommt aus den radioaktiven Stoffen der Erde
Eigenstrahlung	• kommt aus dem Weltraum durch Staub und von der Sonne

c) Benenne das Messgerät, mit dem du die Radioaktivität messen kannst.

_____

d) Benenne die wesentlichen Bauteile des Gerätes.

_____

e) Beschreibe mit den Wortschatzhilfen die Funktion der Bauteile.

_____

_____

_____

_____

Wortschatzhilfen:
- Strahlung · kleine · Stromstöße · Impulse
- zählt · Impulse
- Impulse · hörbar · Knacken

2 Impulse, Impulsrate und Nullrate haben unterschiedliche Bedeutungen. Setze die drei Begriffe richtig in die Lücken ein.

Ein Geiger-Müller-Zähler misst er die Umgebungsstrahlung, wenn sich kein radioaktiver Stoff in der Nähe befindet. Die Anzahl der gemessenen _____ in 1 Minute ist die _____. Befindet sich eine radioaktiver Stoff in der Nähe des Geiger-Müller-Zählers, misst er seine Radioaktivität. Die Anzahl der gemessenen _____ in 1 Minute ist die _____.

Atombau und ionisierende Strahlung

Die ionisierende Strahlung und ihr Nachweis

1 Die ionisierende Strahlung. Setze die Begriffe richtig in die Lücken ein.

> Kationen • Gasmoleküle • Atomhüllen • elektrisch leitend
> • Elektronen • Elektronen • ionisierende Strahlung

Eine Strahlung trifft auf die _____ in der Luft. Die Strahlung kann dabei die _____ aus den _____ schlagen. Diese Art der Strahlung heißt _____. Dabei werden die _____ und die _____ freigesetzt. Die Luft wird ionisiert. Sie ist jetzt _____.

2 a) Trage in die Abbildung die Zahlen zu den Fachbegriffen des Aufbaus des Geiger-Müller-Zählers ein.

① Elektronen
② Draht
③ radioaktiver Strahler
④ Lautsprecher
⑤ Zählrohr
⑥ Ionen
⑦ Glimmerfenster
⑧ Zähler
⑨ Gasfüllung
⑩ Strahlung

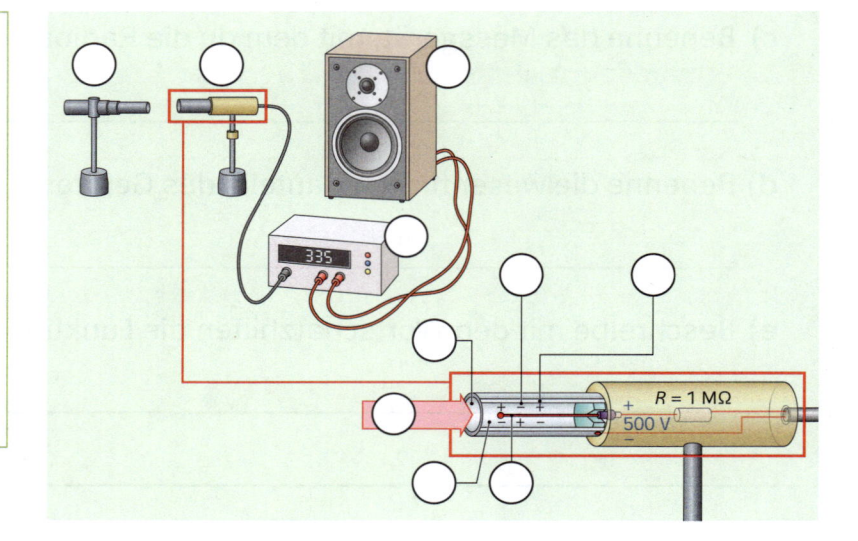

b) Erkläre die Funktionsweise des Geiger-Müller-Zählers, indem du die Lücken mit den richtigen Fachbegriffen ausfüllst.

> Kationen • Strahlung • Zähler • Elektronenlawine • Edelgas
> • Anode • Stromstoß • Glimmerfenster • Lautsprecher • Elektronen

Das Rohr ist mit _____ gefüllt. Dringt durch das _____ in das Rohr eine _____, werden _____ ionisiert. Es werden _____ und _____ freigesetzt. Die freien Elektronen werden von der _____ angezogen. Dabei entsteht auf dem Weg eine _____. Die Elektronenlawine erzeugt einen kurzen _____.

Jeder Stromstoß wird im _____ gezählt. Über den _____ kannst du die Stromstöße hören.

Isotope und Elementarteilchen

1 a) Kreuze die Erklärung für den Begriff Isotop an.

☐ Isotope sind Neonteilchen.

☐ Isotope sind Atome des gleichen chemischen Elements. Sie unterschieden sich nur in der Anzahl der Neutronen.

☐ Isotope sind Atome unterschiedlicher Elemente. Nur die Anzahl der Neutronen ist gleich.

b) Isotope haben die gleichen chemischen Eigenschaften. Kreuze die Begründung hierfür an.

☐ Sie haben die gleiche Anzahl von Neutronen.

☐ Sie unterscheiden sich in ihrem Element.

☐ Es ist das gleiche chemische Element.

2 a) Ein Atomkern enthält 82 Protonen und 124 Neutronen. Berechne seine Massenzahl mit der Formel A = Z + N.

Gegeben sind die Werte: die Protonenzahl Z = 84, die Neutronenzahl N = 124
Gesucht ist der Wert: die Massenzahl A

Rechnung: Setze die Werte in die Formel ein. Benutze den Taschenrechner.

A = Z + N = _____ + _____ = _____

Antwort: _____

b) Die Protonenzahl ist gleich der Ordnungszahl. Suche das chemische Element heraus, welches die Protonenzahl 82 besitzt. Benutze hierfür das Periodensystem der Elemente hinten im Buch.

_____

c) Die Anzahl der Elektronen ist genauso groß wie die Anzahl der Protonen. Gib die Anzahl der Elektronen des Elementes aus Aufgabe b) an.

_____

3 Gib das chemische Element aus Aufgabe 2 in in der Kurzschreibweise und in der Symbolschreibweise an.

Kurzschreibweise:

Elementsymbol-Massenzahl

_____

Symbolschreibweise:

$^{Massenzahl}_{Ordnungszahl}$Elementsymbol

_____

Atombau und ionisierende Strahlung

Strahlungsarten und ihre Eigenschaften

1 Erkläre den Begriff radioaktiver Zerfall mithilfe der Wortschatzhilfen.

_____

_____

_____

Wortschatzhilfen:
- instabile Atomkerne
- wandeln sich um
- geben Energie ab

2 Verbinde die Fachwörter zu den Strahlungsarten mit ihrer Erklärung.

Energiestrahlung
Teilchenstrahlung
α-Strahlung
β-Strahlung
γ-Strahlung

Im Atomkern zerfällt ein Neutron in ein Proton und in ein Elektron. Das chemische Element verändert sich.
Der Atomkern strahlt Energie ab und wird dadurch energieärmer. Es verlässt kein Teilchen den Kern.
Ein Heliumkern verlässt den Atomkern. Das chemische Element verändert sich.

3 a) Nummeriere die Aussagen passend zur Abbildung zum α-Zerfall.

b) Nummeriere die Aussagen passend zur Abbildung zum β-Zerfall.

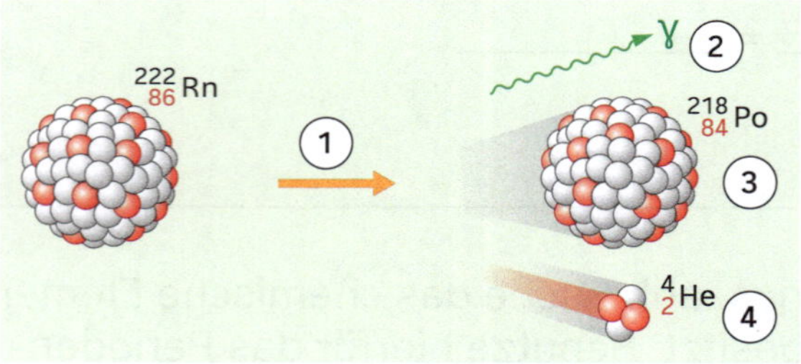

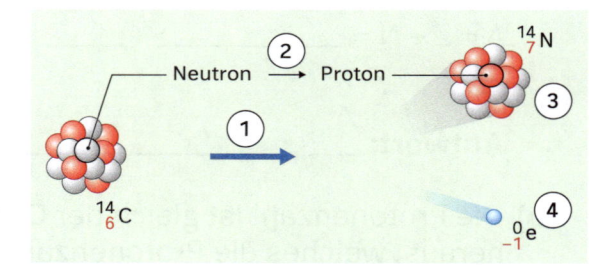

	in Polonium Po-218 und
	in einen Heliumkern.
	Der instabile Radonkern Rn-222 zerfällt
	Dabei wird γ-Strahlung abgestrahlt.

	ein Neutron in ein Proton
	und in ein Elektron. Das Elektron verlässt das Atom.
	Im instabilen Kohlenstoffkern C-14 zerfällt
	Es entsteht der Stickstoffkern N-14.

c) Betrachte die Abbildung zur γ-Strahlung. Streiche die falschen Aussagen durch.

Im Bariumkern zerfällt **ein Teilchen / kein Teilchen.**
Der Bariumkern sendet **γ-Strahlung / α-Strahlung** aus.
Der Kern wird dadurch **energieärmer / energiereicher.**

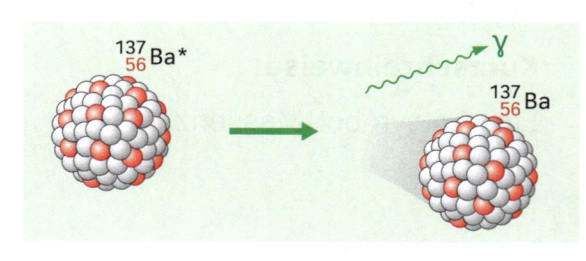

Der Zerfall dauert seine Zeit

1 a) Betrachte die Abbildung zur Uran-238-Zerfallsreihe im Buch.
Kreuze das Isotop mit der kleinsten Halbwertszeit an.

☐ Polonium Po-214   ☐ Uran U-238   ☐ Polonium Po-218

Kreuze das Isotop mit der größten Halbwertszeit an.

☐ Uran U-234   ☐ Uran U-238   ☐ Polonium Po-214

b) Erkläre den Begriff Halbwertszeit mithilfe der Wortschatzhilfen.

_____

_____

Wortschatzhilfen:
- nach dieser Zeit
- radioaktive Ausgangskerne
- Hälfte
- vorhanden

2 Natürliche Zerfallsreihen kommen irgendwann auf der Erde nicht mehr vor. Kreuze den Grund hierfür an.

☐ Die Zerfallsreihen haben ein stabiles Bleiisotop am Ende. Sie können irgendwann nicht weiter zerfallen.

☐ Die Zerfallsreihen können nur eine bestimmte Anzahl von Malen zerfallen.

☐ Der Zerfallsprozess wird von der Natur unterbrochen.

3 Berechne, nach wie vielen Jahren 25 % der Ausgangsmenge von Uran U-238 noch vorhanden sind. Die Halbwertszeit beträgt $4{,}468 \cdot 10^9$ a.

Gegeben ist der Wert: Halbwertszeit $T_{1/2} = 4{,}468 \cdot 10^9$ a

Gesucht ist der Wert: Zeit in der Einheit a (Jahre)

Rechnung:
Überlege: Nach der 1. Halbwertszeit sind noch _____ % der Kerne vorhanden.

Nach der 2. Halbwertszeit sind noch _____ % der Kerne vorhanden.

Für die Rechnung musst du also die Halbwertszeit $T_{1/2}$ mit der Anzahl der Halbwertszeiten malnehmen. Benutze den Taschenrechner.

_____ · _____ = _____ 10^9 a

Schreibe einen Antwortsatz zur Aufgabenstellung.

Antwort: _____

_____

Atombau und ionisierende Strahlung

Die biologische Wirkung der ionisierenden Strahlung

1 a) Schreibe den Fachbegriff somatische Schäden oder genetische Schäden richtig zur Aussage.

Diese Schäden treten im Körper der
bestrahlten Person auf. _____

Diese Schäden betreffen die Erbanlagen. _____

b) Kreise die somatischen Schäden gelb ein und die genetischen Schäden blau.

           Mutationen   Unfruchtbarkeit

    Hautkrebs   Fehlbildungen

           Leukämie

2 Fülle die Tabelle zu den Unterschieden zwischen somatischen Frühschäden und somatischen Spätschaden aus. Hilfe findest du im Buch.

	Strahlendosis	zeitliches Auftreten	mögliche Krankheit
somatische Frühschäden			
somatische Spätschäden			

3 Wie stark sich Strahlenschäden auswirken, hängt von verschiedenen Faktoren ab. Benenne die Faktoren. Hilfe findest du im Buch.

- _____
- _____
- _____
- _____
- _____

4 Nenne die Regel zum Strahlenschutz, die du am wichtigsten findest. Begründe deine Meinung.

_____
_____
_____

Die Kernspaltung

1 a) Betrachte die Abbildung zur Kernspaltung im Buch. Setze die Begriffe in die richtigen Lücken ein.

> **Neutronen • instabil • Spaltungen • Atomkern • Spaltprodukte • langsam**

Ein freies Neutron trifft auf einen _____. Das Neutron muss _____ genug sein, um vom Atomkern aufgenommen zu werden. Mit dem aufgenommenen Neutron wird der Atomkern _____. Der Atomkern zerfällt in zwei _____. Dabei werden zwei oder drei _____ frei. Die freien Neutronen können weitere _____ durchführen.

b) Kreuze die häufigsten Spaltprodukte einer Kernspaltung an.

☐ Uran U-235 zerfällt in Lanthan La-147 und Brom Br-87.

☐ Uran U-235 zerfällt in Barium Ba-144 und Krypton Kr-89.

2 a) Bei einer Kernspaltung kann es zu einer Kettenreaktion kommen. Erkläre diese Aussage mithilfe der Wortschatzhilfen.

_____
_____
_____
_____
_____

> **Wortschatzhilfen:**
> - Kernspaltung
> - freie Neutronen
> - neue Spaltung
> - noch mehr freie Neutronen
> - Kettenreaktion

b) Verbinde die Fachbegriffe zur Kettenreaktion mit ihrer Erklärung.

| unkontrollierte Kettenreaktion | Die Anzahl der freiwerdenden Neutronen wird nicht begrenzt. Es entsteht eine unvorstellbar große Energiemenge. |

| kontrollierte Kettenreaktion | Die Anzahl der freiwerdenden Neutronen wird begrenzt. Dadurch kann die entstehende Energiemenge gesteuert werden. |

c) Nenne einen technischen Ort, an dem eine kontrollierte Kernspaltung stattfindet.

_____

Atombau und ionisierende Strahlung

Das Kernkraftwerk

1 Verbinde die Teile des Kernkraftwerkes mit ihren Funktionen.

Reaktorgebäude	Sie nehmen Neutronen auf. Dadurch wird die Anzahl der Kernspaltungen kontrolliert. Sie befinden sich in jedem Brennelement.
Reaktordruckbehälter	Nimmt die innere Energie in Form von Wärme auf. Verlangsamt die Neutronen.
Steuerstäbe	Dicke Stahlbetonschicht zum Abschirmen der Strahlung.
Wasser als Moderator	Lagerort für die abgebrannten Brennelemente. Das Wasser kühlt und schirmt die ionisierende Strahlung ab.
Abklingbecken	Er ist der Wärmetauscher zwischen den beiden Kreisläufen.
Dampferzeuger	Hier findet die Kernspaltung statt.

2 a) In einem Kernkraftwerk mit Druckwasserreaktor befinden sich verschiedene Wasserkreisläufe. Kreise sie ein.

　　　　　　　　　　　　Sekundärkreislauf

　　　　　Brennkreislauf

　　　　　　　　　Kühlkreislauf

　　Primärkreislauf　　　　　　　　　　　　Wärmekreislauf

b) Das Wasser hat drei wichtige Aufgaben im Kernkraftwerk. Benenne sie.

_____

_____

_____

3 Für den Kühlkreislauf wird Flusswasser verwendet. Bei der Kühlung erwärmt es sich. Wenn es wieder in den Fluss zurückgelangt, ist es etwas wärmer als vorher. Begründe, ob diese Tatsache Auswirkungen auf die Umwelt haben kann.

_____

_____

_____

Atombau und ionisierende Strahlung   107

Der Rückbau eines Kernkraftwerkes

1 a) Im Kernkraftwerk gibt es verschiedene Kategorien, um die radioaktive Belastung der Bestandteile einzuteilen. Kreuze diese Kategorien an.

☐ unbelastete Bestandteile   ☐ aktivierte Bestandteile

☐ vollständig belastete Bestandteile   ☐ kaputte Bestandteile

☐ kontaminierte Bestandteile   ☐ programmierte Bestandteile

b) Nenne das Ziel, dass bei jedem vollständigen Rückbau eines Kernkraftwerkes erreicht werden soll.

_____

_____

c) Kreise die am stärksten radioaktiv belasteten Komponenten eines Kernkraftwerkes ein.

Reaktordruckgefäß   Turbinen

Betonabschirmung

Generatoren   Betonriegel

2 a) Beim Rückbau eines Kernkraftwerkes gibt es ein oberstes Ziel. Benenne es.

_____

_____

b) Der Rückbau eines Kernkraftwerkes ist teurer als sein Aufbau. Begründe, woran das liegt.

_____

_____

3 Für den Rückbau kann ein Kernkraftwerk nicht einfach gesprengt werden. Begründe, warum das so ist.

_____

_____

_____

_____